मानननीय सभापति

मुद्दा गरम है ।

राजेश शर्मा

ISBN 978-93-5610-469-3

Published in India 2022 by Pencil

A brand of
One Point Six Technologies Pvt. Ltd.
123, Building J2, Shram Seva Premises,
Wadala Truck Terminal, Wadala (E)
Mumbai 400037, Maharashtra, INDIA
E connect@thepencilapp.com
W www.thepencilapp.com

मुद्दा गरम है।

Author biography

परिचय

नाम

राजेश शर्मा 'राज़'

जन्म

भिवानी (हरियाणा)

शिक्षा

वैश्य महाविद्यालय, भिवानी (हरियाणा) से स्नातकोत्तर

किरोड़ीमल कॉलेज ऑफ एज्यूकेशन, भिवानी (हरियाण)) से शिक्षा स्नातक

रूचि

लेखन, साहित्यिक एवं सांस्कृतिक गतिविधियाँ, गायन, नाटक आदि।

अनुभव

पिछले 24 वर्षों से शिक्षण कार्य में कार्यरत

डी. आर. के. आदर्श विद्या मंदिर, चरखी दादरी (हरियाणा)

प्रज्ञा स्कूल, भाण्डवा (हरियाणा)

बी.आर.सी. एम. पब्लिक स्कूल 'ज्ञानकुंज', बहल (हरियाणा)

श्रीकृष्ण प्रणामी पब्लिक स्कूल, सिवानी (हरियाणा)

वर्तमान में एल. के. सिंघानिया एज्यूकेशन सेन्टर, गोटन (राजस्थान) में 'हिन्दी विभागाध्यक्ष' के पद पर कार्यरत।

उपलब्धियाँ

महाविद्यालय, विश्वविद्यालय स्तर पर गायन, नाटक, काव्यपाठ आदि विभिन्न क्षेत्रों में अनेक पुरस्कार की प्राप्ति।

एन. सी. सी. 'सी' प्रमाण पत्र

एन. एस. एस. महर्षि दयानंद विश्वविद्यालय, रोहतक (हरियाणा) से मैरिट प्रमाणपत्र

आकाशवाणी केन्द्र, हिसार (हरियाणा) से 'वाणी कोर्स'

महाविद्यालय स्तर के छात्रसंघ चुनाव में 'उप-प्रधान' पद के लिए विजयी।

वर्तमान में अपना सारा अनुभव बच्चों के साथ साझा कर उनके भविष्य निर्माण की राहें प्रशस्त कर रहे हैं।

आपका कुशल मार्ग दर्शन पाकर अनेक विद्यार्थी देश में प्रतिष्ठित पदों पर कार्यरत हैं तथा अनेक ने विभिन्न स्तरों पर अपनी प्रतिभा का प्रदर्शन करते हुए स्वयं को सर्वश्रेष्ठ सिद्ध किया है।

E-mail - rajesh.bwn@gmail.com

Facebook - राजेश शर्मा

Twitter - @Rajesh_bwn

CONTENTS

Epigraph

प्रथम उनको समर्पित करता हूँ

दिया ज्ञान जिन्होंने

अक्षर का

प्रथम उनको समर्पित करता हूँ

मिला आशीष जिनसे

जीवन का

प्रथम उनको समर्पित करता हूँ

दिखाई राह जिन्होंने

जीने की

प्रथम प्रणाम उनके चरणों में

नमन शत बार

उनको मेरा है।

Introduction

व्यक्ति वह सामाजिक प्राणी है जिसे ईश्वर ने सोचने, समझने और अपने विचारों को तार्किक आधार पर अभिव्यक्त करने की विशेष योग्यता प्रदान की है ।
इसी अभिव्यक्ति को सार्थक दिशा प्रदान करने के उद्देश्य से विद्यालयों-महाविद्यालयों में हिन्दी साहित्यिक गतिविधियों के अंतर्गत अनेक कार्यक्रमों का आयोजन होता है । ऐसे विभिन्न आयोजनों में 'वाद- विवाद प्रतियोगिताओं' का प्रमुख स्थान होता है । अनेक स्तरों पर आयोजित होने वाली ऐसी प्रतियोगिताओं में विद्यार्थी बढ़ चढ़कर भाग लेकर विषयानुरूप अपना पक्ष प्रस्तुत करते हैं । ऐसी प्रतियोगिताएं जहाँ विद्यार्थी को विषय पर विस्तृत और गहरा ज्ञान प्रदान कराती हैं, वहीं उनसे आत्मविश्वास, तर्क शक्ति एवं अभिव्यक्ति योग्यता का विस्तार करने में भी सहायक होती हैं ।
यदि हमारे तर्कों में आधार , दूसरे के विचारों के प्रति सम्मान , सुनने का धैर्य और वैचारिक स्वीकृति का साहस हो तो फिर

आपसी वाद- विवाद से अनेक समस्याओं का बेहतर समाधान तलाश किया जा सकता है ।

विद्यार्थियों में इसी तार्किक योग्यता का विस्तार करने के उद्देश्य से इस पुस्तक की परिकल्पना ने विस्तार लिया ।

वर्तमान के कुछ ज्वलंत और आवश्यक विषयों पर इसी तार्किकता के आधार पर पक्ष और विपक्ष प्रस्तुत किये जा रहे हैं ।

निःसंदेह ये आरंभ है , अंत नहीं । पक्ष हैं, अंतिम निर्णय नहीं । इन विचारों में बदलाव और विस्तार की असीम संभावनाएं मौजूद हैं ।

अतः तर्क सहित वैचारिक आलोचना विषय को विस्तार ही प्रदान करेगी और यही इस लेखन का उद्देश्य है ।

धन्यवाद सहित ।

राजेश शर्मा 'राज़'

rajesh.bwn@gmail.com

पक्ष - निरंकुश सोशल मीडिया समाज और देश के लिए खतरा है ।

यदि विदेशों की वीभत्स तश्वीरों से भारत में दंगे भड़काने की कोशिशें होती हैं , सीमापार छिपे आतंकी हमारे देश के युवाओं का पथभ्रष्ट कर उन्हें अपने संगठन में शामिल होने का लालच देते हैं या फिर टेक्नोसेवी साइबर विषकन्याएँ हमारी युवा शक्ति को अपने हनी ट्रैप में फ़ँसाकर देश की सुरक्षा में सेंध लगा लेती हैं तो आप इनका जिम्मेदार किसको मानेंगे?

इसका एकमात्र उत्तर होगा - सोशल मीडिया । जी हाँ , उन्मुक्त , आजाद , बेलगाम , निरंकुश सोशल मीडिया ।

निःसंदेह यह विषय बेहद ज्वलंत और सामयिक है । विगत दो दशकों में दुनिया ने सूचना और तकनीक के क्षेत्र में जो बदलाव देखा है , वह अभूतपूर्व है । और इसी बदलाव की महत्वपूर्ण कडी के रूप में सोशल मीडिया का उदय किसी चमत्कार से कम नहीं है ।

इसका तेजी से बढता प्रयोग दुनिया को एक ऐसे सार्वजनिक मंच के रूप में तब्दील कर रहा है जहाँ प्रत्येक व्यक्ति के लिए

अपने विचारों , सोच , मान्यताओं को साझा करना बेहद आसान हो गया है । आज हर कोई इसका दीवाना है । क्यों कि इसने लोगों को एक दूसरे के नजदीक आने के अवसर जो प्रदान किए हैं ।

लेकिन , जब यही नजदीकियाँ दिशाहीन और निरंकुश होकर देश एवं समाज के लिए नकारात्मक गतिविधियों का केन्द्र बन जाए तो इस पर अंकुश लगाना अति आवश्यक हो जाता है ।

आज हमारा देश मॉब लिंचिंग के उस भयानक दौर से गुजर रहा है जहां छोटी छोटी घटनाओं , सूचनाओं , अफवाहों से पनपी उन्मादी भीड़ कुछ भी कर गुजरने को तैयार रहती है , या यों कहें कि कर रही है । क्या आपने कभी सोचा है कि भीड़ का ऐसा दुस्साहस पूर्ण चरित्र क्यों होता है ? इसका कारण है - उसकी असीमित संख्या और निरंकुश प्रवृत्ति। और जब ये दोनों मिलकर अपनी अति तक पहुँच जाते है तो किसी भी देश और समाज के लिए खतरा बन जाते हैं ।जी हाँ , ठीक यही निरंकुश चरित्र आज सोशल मीडिया का है ।

माना जा रहा है कि विश्व में सोशल मीडिया का उपयोग करने वाले लगभग ढाई अरब लोगों में से 20-25 करोड़ लोग तो केवल भारत में ही सक्रिय हैं जो दिन रात मनमाने ढंग से इस मंच का प्रयोग कर रहे हैं ।

जरा सोचिए , जब इतनी बडी संख्या में लोग अनियंत्रित व्यवहार करेंगे तो उसके कैसे परिणाम होंगे ? आज सोशल मीडिया पर विचारों का उन्मुक्त प्रवाह , अपने ही किनारों को तोड़कर बहने लगा है । दरअसल सोशल मीडिया अब सोशल रहा ही नहीं है । बल्कि यह तो अब अपशब्दों , अमर्यादाओं, अपसंस्कृति का अड्डा बन चुका है , जहां लाखों लोग सुबह से रात तक गाली - गलौच ,अश्लीलता , झूठ , दुष्प्रचार , अफवाहों , अभद्र टिप्पणियों और अराजकता से भरी विघटनकारी पोस्टों के जरिए नफरत का ज़हर फैलाने के कारोबार में लगे हैं । राई का पहाड बनाना , दंगे भडकाना , झूठी जानकारियों के जरिए आपसी घृणा और विद्वेष को बढ़ाना सोशल मीडिया के चहेते कार्यक्रम बन गए हैं । फिर भी यह सोशल मीडिया लोगों को मासूम और निर्दोष लग रहा है तो उनकी मासूमियत को मेरा शत शत नमन ।

सामाजिक दुष्परिणामों के साथ साथ इसने आज अपराध और अपराधियों को भी हाईटैक बनाने में कोई कसर नहीं छोडी है ।सोशल मीडिया तो वह तस्कर बन गया है जो लैपटाप, कम्प्यूटर और मोबाइल के माध्यम से आपके व्यक्तिगत जीवन में प्रवेश करता है और चुरा ले जाता है आपकी पहचान, धन, ज्ञान, अनुभव, संस्कार और समस्त गोपनीय रहस्य ।

और इस माल ए मुफ्त में मिली आपकी निजी जानकारियों का कब और कहाँ सौदा हो जाता है , किसी को खबर भी नहीं लगती

।पालतु जानवर भी जब पंजे मारने लगता है तो उसके नाखून कतर दिए जाते हैं । और यहाँ तो सवाल देश और समाज पर मंडराते खतरे का है ।

आपको शायद पता होगा कि चीन , कोरिया , म्यांमार जैसे अनेक देशों ने सोशल मीडिया को बैन कर रखा है । अभिव्यक्ति की आजादी के नाम पर हम उन्हें चाहे लाख कोसें , पर उनकी राष्ट्रीय अस्मिता कभी भी सोशल मीडिया के कारण खतरे में दिखाई नहीं देती ।

तो फिर देशहित में हमें ऐसा करने में संकोच क्यों ?

हमारी राष्ट्रीय अस्मिता, अर्थ व्यवस्था, आन्तरिक सुरक्षा , सामाजिक सौहार्द्र , धर्मनिरपेक्ष सामाजिक संरचना , संस्कार, परंपराएँ ..जो खुली छतों पर जलते दीयों जैसी हैं , इन्हें निरंकुश सोशल मीडिया की आँधी कभी भी बुझा सकती है या उन्हें उड़ती चिंगारियों में तब्दील कर पूरे देश को अग्नि समाधि लेने के लिए मजबूर कर सकती है।

अतः मेरा तो यही मानना है कि देश और समाज को आने वाले खतरों से सुरक्षित रखने के लिए सोशल मीडिया के इस बेलगाम घोडे पर तुरन्त नकेल कसना बेहद जरूरी है।

विपक्ष - निरंकुश सोशल मीडिया समाज और देश के लिए खतरा है ।

सोशल मीडिया को निरंकुश बता कर उसे देश और समाज के लिए खतरा बताने वालों में से ही अधिकांश वाट्सएप पर अपने परिजनों के साथ दिन रात संदेशों का आदान प्रदान करते हैं । कुछ सैल्फी सहित फेसबुक पर अपना स्टेटस अपडेट करके , लाइक्स का इंतजार करते हैं । आज स्थिति ऐसी है कि दिन के चंद घंटे... भी हम बिना सोशल मीडिया के नहीं गुजार सकते । स्पष्ट शब्दों में अपनी बात कहूं तो.. हाथी के दाँत खाने के और , दिखाने के कुछ और ।

आज हमारे देश में लाखों करोड़ो के घोटाले हो जाते हैं , शासन व्यवस्था भ्रष्टाचार के दलदल में डूब चुकी है , आए दिन होने वाली आतंकी घटनाएं दिल दहला जाती हैं , लाचार जनता..गरीबी , भुखमरी , बेरोजगारी से बेहाल है । लद्दाख में चीन , कश्मीर में पाकिस्तान , पूर्वोत्तर में बांग्लादेशी घुसपैठिए कब्जा करने की फिराक में हैं । लेकिन मेरे विपक्षी मित्रों को खतरा दिखाई देता है...तो मात्र सोशल मीडिया से।माहौल तो

मुद्दा गरम है ।

ऐसा बनाया जा रहा है कि मानो देश में होने वाले हर अपराध , आगजनी , उन्माद , अफवाह , दंगे फसाद का एकमात्र कारण सोशल मीडिया ही है ।

मात्र रस्सी को साँप बताकर , सोशल मीडिया के विरुद्ध , डर का माहौल पैदा किया जा रहा है । निरंकुश तो वह होता है , जिसके पास अधिकार होते हैं , सत्ता होती है , ताकत होती है । हमें खतरा उनसे होना चाहिए जो आज दीमक की तरह देश और समाज को खोखला कर रहे हैं ।

परंतु नहीं...भ्रष्टाचार के बोझ से दबा-कुचला एक आम इंसान , सोशल मीडिया पर अपने मन की बात क्या लिख देता है , उसे देश और समाज के लिए खतरा घोषित किया जा रहा है ।

सोशल मीडिया ने तो लोगों को नजदीक लाने का काम किया है । इसने आम इंसान की तनाव भरी जिन्दगी मे सुकून के कुछ पल तो जोडे ही हैं , इसके साथ साथ वह इस गूंगे बहरे शासन तंत्र के खिलाफ अपनी आवाज को भी दुनिया तक पहुंचा सका है । वरना आज की बिकाऊ कार्य संस्कृति और पहुंच से कोसों दूर होती न्याय व्यवस्था में उस बेचारे की सुनता ही कौन है ?

सोशल मीडिया को निरंकुश सिद्ध करने के स्थान पर आज उसे समझा जाना अधिक जरूरी है । इस पर अंकुश का पक्ष लेने की बजाय यदि इसके सदुपयोग के रास्ते तलाश किए जाएं तो और बेहतर परिणाम सामने आ सकते हैं । जरूरी तो नहीं की

ऊंची उडान भरने वाले हर परिंदे के पर कतर दिए जाएं । आँख में तिनका गिरने पर , तिनका निकाला जाता है , आँख नहीं ।अभिव्यक्ति की आजादी का पक्ष लेने वाली सरकार खुद अभिव्यक्ति का गला कैसे घोंट सकती हैं ? क्या मान लें कि 'मन की बात' करना मात्र सरकार के ही अधिकार क्षेत्र में आता है ? क्या हमारा संविधान आम जनता को अभिव्यक्ति की स्वतंत्रता का अधिकार नहीं देता ? सोशल मीडिया हमारे देश और समाज का वह आइना है जिसमें हमें वर्तमान की वास्तविक छवि दिखाई देती है । अगर इस आइने पर पत्थर मारेंगे , तो नुकसान सिर्फ हमारा होगा । आज देश और समाज के विकास में सोशल मीडिया की सकारात्मक भूमिका को नजरअंदाज कैसे किया जा सकता ? राजनीति , व्यापार , शिक्षा , मनोरंजन और सूचनाओं के आदान प्रदान जैसे अनेक क्षेत्रों में , इसने अपनी अद्भुत पहुंच दिखाई है ।

जो सूचनाएं कभी भी परंपरागत मीडिया का हिस्सा नहीं बन पाती थी वे आज इसके माध्यम से जन जन तक आसानी से पहुंच रही हैं । आज इसके माध्यम से आप घर बैठे सरकारी नीतियों , योजनाओं की जानकारी , उनकी समीक्षा ,आलोचना आमजन से साझा कर पाते हैं । एक संदेश मात्र से अपनी बात किसी भी अधिकारी , कार्यालय , मंत्रालय , मंत्री , या प्रधानमंत्री तक पहुंचा सकते हैं । संसद की कैंटीन में मिलने वाले सस्ते भोजन को राष्ट्रीय चर्चा का मुद्दा बना देते हैं । सभाओं में सोने वाले नेताओं को जागने पर मजबूर कर देते हैं । बिहार के

सहरसा में 500 लोग 'रक्तदानी- महादानी' नाम से वाट्सएप ग्रुप बनाकर लोगों की जान बचाते हैं । जननायक इसकी ताकत से सरकार को घुटने टेकने के लिए मजबूर कर देते हैं । आरूषि हेमराज कांड , दामिनी कांड , जस्टिस फॉर आसिफा जैसे अनेक मामलों में कंधे से कंधा मिला कर इंसाफ के लिए जंग लडते हैं ।

क्या फिर भी आप इसे देश और समाज के लिए खतरा ही बताएंगे ?

आप आज घर बैठे सारे जहान से ऑनलाइन व्यापार कर लेते हैं । प्रत्यक्ष - अप्रत्यक्ष रूप से रोजगार के नए नए अवसर पैदा हो रहे हैं । खबरों की माने तो अकेले फेसबुक ने भारत की अर्थव्यवस्था में चार बिलियन अमेरिकी डॉलर के योगदान सहित , तीन लाख पचास हजार रोजगार के नए अवसर पैदा किए है ।

निःसंदेह सोशल मीडिया आज एक बहु उपयोगी माध्यम बन कर कार्य कर रहा है । यह एक ऐसा मंच बन गया है , जिसे आम आदमी की आवाज कहा जा सकता है । इसका उपयोग कर आज सामाजिक कुरीतियों को उजागर करने , जागरूकता फैलाने , सरकार पर दबाव बनाने जैसे अनेक प्रभावी कार्य किए जा रहे हैं । ऐसे में धृतराष्ट्र बनकर इन तमाम खूबियों को अनदेखा कर , हम कैसे कह सकते हैं कि यह निरंकुश होकर देश और समाज के लिए खतरा बन गया है ? अंत में मेरा तो यही मानना है कि यदि इस आक्षेप को स्वीकार कर लिया गया तो

मुद्दा गरम है।

अभिव्यक्ति के एक सशक्त माध्यम के पैरों में बेडियाँ डालकर , उसे पंगु बनाने की नापाक कोशिशें , अपने मकसद में कामयाब हो जाएंगी।

पक्ष - विद्यार्थियों को राजनीति में भाग नहीं लेना चाहिए ।

वर्तमान समय में समाज के प्रत्येक क्षेत्र में राजनीति देखने को मिल रही है । नगरों, महानगरों में ही नहीं, गाँव-कस्बों के गली-मुहल्लों में भी राजनीति के खेल खेले जा रहे हैं । वास्तव में राजनीति की समझ बहुत कम लोगों को ही होती है । परंतु आज राजनीति का उपयोग एक हथियार के रूप में किया जा रहा है इसलिए जिसे भी अवसर मिलता है निहित स्वार्थों के लिए राजनीति का सहारा लेने लगता है ।

आज विद्यार्थी भी राजनीति से अछूते नहीं रहे हैं और यह उनके लिए घातक सिद्ध हो रहा है । विद्यार्थी का एकमात्र कर्तव्य ज्ञान अर्जित करके देश एवं समाज का योग्य नागरिक बनना है । शिक्षा ग्रहण करने के लिए विद्यार्थियों को एकाग्रचित्त होकर निरन्तर अभ्यास करना पड़ता है ।

निश्चिंत मन-मस्तिष्क से ही विद्यार्थी योग्यता प्राप्त कर सकते हैं और भविष्य में देश के विकास में अपना सहयोग दे सकते हैं । परन्तु यदि विद्यार्थियों का झुकाव राजनीति की तरफ होगा, तो स्पष्टतया इसका प्रतिकूल प्रभाव उनकी शिक्षा

पर पड़ेगा ।

राजनीति की उथल-पुथल मनुष्य को निश्चित नहीं रहने देती । ऐसी स्थिति में राजनीति से सम्बंधित विद्यार्थियों का शिक्षा ग्रहण कर पाना सम्भव नहीं है । अत: विद्यार्थियों का राजनीति से बचे रहना ही उनके हित में है । आज समाज के किसी भी क्षेत्र में राजनीति गुंडागर्दी के रूप में परिवर्तित हो गयी है ।

स्वस्थ राजनीति कहीं देखने को नहीं मिल रही । राजनीति के नाम पर एक-दूसरे पर आरोप-प्रत्यारोप लगाए जाते हैं , एक-दूसरे का चरित्र हनन किया जाता है । इतना ही नहीं, असामाजिक तत्वों का सहारा लेकर राजनीतिज्ञ दंगा-फसाद, हत्या जैसे जघन्य अपराध करवाते हैं । ऐसी परिस्थितियों में एक विद्यार्थी का राजनीति के प्रति झुकाव उसके लिए घातक ही सिद्ध होगा ।

लेकिन आज छात्र संघ चुनावों के दृश्य देखकर विद्यार्थियों का राजनीति से लगाव साफ दिखाई दे रहा है । छात्र संघ चुनावों में विद्यार्थियों का उत्साह, चुनाव प्रचार के लिए उनका आडम्बर देखकर ऐसा प्रतीत होता है, मानों किसी सांसद अथवा विधायक का चुनाव प्रचार किया जा रहा हो ।

आज छात्र संघ चुनावों में दिग्गज राजनीतिज्ञों की उपस्थिति, उनके समर्थन ने विद्यार्थियों के चुनाव को भी पूर्णतया राजनीति के रंग में सराबोर कर दिया है । दुखद स्थिति यह है कि राजनीति की गुंडागर्दी विद्यार्थी-जीवन में भी प्रवेश कर

गयी है और शिक्षा ग्रहण करने के स्थान पर विद्यार्थी निरंकुश होकर अमानवीय व्यवहार कर रहे हैं ।

वास्तव में विद्यार्थियों को राजनीति से दूर रखने की आवश्यकता है । विद्यार्थियों में उत्साह अवश्य होता है, परन्तु आयु कम होने के कारण उनमें अनुभव की कमी होती है । वर्तमान युग में खेले जा रहे राजनीति के गंदे खेल से वे अनभिज्ञ होते हैं ।

राजनीति के महारथी विद्यार्थियों के जोश का भरपूर इस्तेमाल करते हैं लेकिन निहित स्वार्थों के लिए । उन्हें विद्यार्थियों के वर्तमान अथवा भविष्य की कोई चिन्ता नहीं होती । अतः आज अपने भविष्य के प्रति विद्यार्थियों को स्वयं सचेत रहने की आवश्यकता है ।

उन्हें स्वयं विचार करना होगा कि विद्यालयों, महाविद्यालयों में वे शिक्षा ग्रहण करने के उद्देश्य से जाते हैं अथवा राजनीति के दंगल में सम्मिलित होकर अपने भविष्य को दाव पर लगाने ? विद्यालयों को 'शिक्षा का मंदिर' कहा जाता है, जहाँ शिक्षा की उपासना के द्वारा छात्र अपने भविष्य को उज्ज्वल बनाने का प्रयत्न करते हैं ।

यह तभी सम्भव है जब विद्यार्थी एकाग्रचित्त होकर विद्या-अध्ययन में निमग्न रहें । एक विषय के रूप में विद्यार्थी राजनीति का अध्ययन अवश्य कर सकते हैं और यह उनके लिए लाभप्रद हो सकता है । परन्तु व्यावहारिक स्तर पर विद्यार्थियों को राजनीति से दूर रहना चाहिए ।

मुद्दा गरम है ।

राजनीति के लिए न तो विद्यार्थियों की आयु होती है , न उन्हें जानकारी । इस समय काल में तो खेलों में सम्मिलित होना ही उनके लिए उचित है । विद्यार्थियों को केवल विद्या-अध्ययन ही शोभा देता है । विद्या-अध्ययन के द्वारा ही विद्यार्थी स्वयं अपना भविष्य सुरक्षित कर सकते हैं और देश के विकास में अपना सहयोग भी दे सकते हैं । शिक्षा पूर्ण करने के उपरान्त वे स्वतंत्र हैं, चाहे जिस क्षेत्र में अपनी प्रतिभा का उपयोग करें ।

विपक्ष - विद्यार्थियों को राजनीति में भाग नहीं लेना चाहिए ।

आजकल इस बात का पुरजोर समर्थन किया जा रहा है कि विद्यार्थियों को राजनीति में हिस्सा नहीं लेना चाहिए। आज के संदर्भ में उनकी यह राय बिल्कुल ही न्यारी लगती है। आज के विद्यार्थियों को समझाया जा रहा है कि उन्हें अपने बेहतर भविष्य के निर्माण हेतु राजनीति में हिस्सा नहीं लेना चाहिए । हमारा दुर्भाग्य है कि हमारी इसी सोच के कारण आज पढे लिखे नौजवान राजनीति को गंदा मानकर उससे दूरी बना रहे हैं और हमें अनपढ और नाकारा नेताओं के हाथों में इस देश का शासन तंत्र सौंपने के लिए मजबूर होना पडता है ।

आज राजनीतिक कैरियर को सबसे पिछड़ा और भ्रष्ट कहा जाने लगा है । इसका क्या कारण है ?

क्या हमारे अतीत में देश के लिए अपना सब कुछ न्योछावर करने वाले राजनीतिज्ञ कम हुए हैं ? क्या देश की प्रगति में उनका योगदान कम रहा है ? फिर क्या कारण है कि हम आज के विद्यार्थियों को राजनीति में आने से रोकना चाहते हैं ?

इसका कारण स्पष्ट है कि हमारी वर्तमान शिक्षा व्यवस्था हमें

मात्र किताबें रटाकर रोजगार पाने की पंक्ति में लगा देखना चाहती है । आज का युवा-जगत अपने देश की राजनीति में कोई हिस्सा नहीं लेता चाहता । उन्हें इस सम्बन्ध में कोई ज्ञान भी नहीं होता। जब वे पढ़कर निकलते है तब उनमें से शायद कुछ ही राजनीति में आगे बढते हैं । जिन नौजवानों को कल देश की बागडोर हाथ में लेनी है, उन्हें आज अक्ल के अन्धे बनाने की कोशिश की जा रही है। इससे जो परिणाम निकलेगा वह हमें खुद ही समझ लेना चाहिए । हम यह मानते हैं कि विद्यार्थियों का मुख्य काम पढ़ाई करना है । उन्हें अपना पूरा ध्यान अपनी शिक्षा की ओर लगा देना चाहिए । लेकिन क्या देश की परिस्थितियों का ज्ञान और उनके सुधार की बात सोचना विद्यार्थियों का कर्तव्य नहीं ? यदि नहीं तो हम उस शिक्षा को भी निकम्मी समझते हैं, जो सिर्फ क्लर्की करने के लिए ही हासिल की जाये । ऐसी शिक्षा की जरूरत ही क्या है ? कुछ अति समझदार लोग यह कहते हैं कि भाई तुम राजनीति शास्त्र तो पढो ,लेकिन कोई उसमें व्यावहारिक हिस्सा न लो। बल्कि पढ लिख कर पैसा कमाओ और अपना भविष्य सँवारने की सोचो । सभी मानते हैं कि हिन्दुस्तान को इस समय ऐसे देश-सेवकों की जरूरत हैं , जो तन-मन-धन से अपनी सारी उर्जा देश की उन्नति के लिए न्योछावर कर दें । क्या बूढे और उम्रदराज नेताओं में ऐसा जज़्बा मिल सकेगा ?

आज विद्यार्थी और राजनीति का आपसी सम्बंध काफी विवादास्पद बना दिया गया है। विद्वान अथवा शिक्षाशास्त्री

भी इस विषय पर एकमत नहीं हैं कि विद्यार्थियों का राजनीति में भाग लेना उचित है अथवा अनुचित। वस्तुतः किसी भी तथ्य को उचित या अनुचित कह देना अपने आप में अवैधानिक है। अतः कुछ परिस्थितियाँ ऐसी होती हैं, जिनमें विद्यार्थियों के लिये राजनीति में भाग लेना न केवल उचित हैं बल्कि चारित्रिक एवं नैतिक दृष्टि से भी आवश्यक है।

सबसे पहले हमें उन परिस्थितियों को जानना समझना होगा जिनमें विद्यार्थियों के लिये राजनीति में भाग लेना उचित और आवश्यक है। जब किसी देश अथवा जाति का अस्तित्व ही खतरे में पड़ जाये, जब देश और जाति पर कोई बाहरी संकट उपस्थित हो जाय, जब देश के गौरव और स्वाभिमान का प्रश्न खड़ा हो जाय, जब देश के नागरिकों, महिलाओं और बच्चों को नारकीय जीवन बिताने पर विवश किया जा रहा हो, उस समय किसी भी देश के युवक या युवतियों का तटस्थ होकर बैठे रहना न केवल अनुचित है बल्कि अवैधानिक और कायरतापूर्ण भी है। कलिंग युद्ध के समय न केवल वहां के युवक युवतियों ने विशाल सेना का सामना किया बल्कि वहां के छोटे-छोटे निःसहाय बच्चों ने भी साहसपूर्वक देश के लिये अपने प्राण न्यौछावर कर दिये थे।

द्वितीय विश्वयुद्ध के दौरान इंग्लैंड के किशोरों ने अनेक महत्वपूर्ण कार्यों द्वारा अपने देश की सेवा की थी। जहां जक भारत की बात है तो यहाँ के स्वतंत्रता संग्राम में सर्वाधिक महत्वपूर्ण भूमिका देश के युवा वर्ग ने ही निभायी थी। गांधी जी

के एक आह्वान पर विद्यार्थियों ने विद्यालयों और विश्वविद्ययालयों का बहिष्कार करके सक्रिय आन्दोलन में भाग लिया था । अगर बीसवीं सदी के जेपी आन्दोलन या इक्सिवीं सदी के अन्ना हजारे आन्दोलन में भी देश के विद्यार्थी, नौजवानों ने आन्दोलन में सक्रिय भूमिका निभायी थी । वास्तविकता तो यह है कि युवा वर्ग के सक्रिय योगदान के बिना कभी कोई आन्दोलन सफल और सशक्त हो ही नही सकता । जब जब कभी किसी देश में कोई राजनीतिक चेतना जगी है उसके पीछे उस देश के युवक-युवतियाँ ही खड़े रहे हैं। युवाओं में भावावेश होता है, शक्ति और कर्म-शौर्य होता है। वे व्यापारिक लाभ-हानि के तराजू पर आदर्शों और निष्ठाओं को नहीं तौलते। बलिदान और कुर्बान होने के लिये आगे पीछे नहीं देखते। उनकी शक्ति के प्रवाह में प्रत्येक बाधा-अवरोध टूटकर, उखड़कर बह जाता है। बड़े-बूढों की राजनीति में बौद्धिक दॉव-पेंच और शतरंजी मोहरों के हथकन्डे अधिक होते हैं। उनमें दूरदर्शिता अवश्य होती, किन्तु उच्च-उज्ज्वल आदर्शों का वहां ज्यादातर अभाव ही होता है। उनकी राजनीति केवल जोड़-तोड़ की राजनीति होती है, समझौते की व्यवस्था होती है। इतिहास गवाह है कि अनेक देशों का भाग्य वहाँ के युवाओं ने ही अपने रक्त की स्याही से लिखा है। लेकिन यह हमारे समाज का दुर्भाग्य है कि वह अपने युवा को उत्तरदायित्व निर्वहन का सही और सामाजिक प्रशिक्षण नहीं देता है। आज युवाओं से आधारहीन अपेक्षा करना और उसके साथ ही उनकी उपेक्षा

मुद्दा गरम है।

करने का एक रिवाज चल पड़ा है। लोग यह भूल जाते हैं कि युवा वर्ग ही इस देश का भावी उत्तराधिकारी है। अतः विद्यार्थियों का राजनीति में होना देश निर्माण में बहुमूल्य भूमिका निभा सकता है।

पक्ष - हमारी जीवन शैली समाज द्वारा तय हो ।

ये उचित-अनुचित, सही-गलत आखिर होता क्या है ? हम क्या करें क्या ना करें, हमें क्या करना चाहिए क्या नहीं करना चाहिए , ये बातें किसी अन्य द्वारा निर्धारित होनी चाहिए या हमें कुछ भी मनचाहा करने की आजादी मिलनी चाहिए ..

वैसे देखा जाए तो हम जो भी करते हैं, वह हमारी दृष्टि में हमेशा उचित ही होता है। क्यों कि वह कार्य हमारी व्यक्तिगत आवश्यकताओं और दृष्टिकोण के अनुसार होता है। हमें उसमे कुछ भी अनैतिक, अनुचित या गलत दिखाई नहीं देता । ऐसे में क्या हम ये भी स्वीकार करने को तैयार हैं कि जो जैसा कर रहा है, हो रहा है उसे करने दे या होने दें , क्यों कि ये हमारी आजादी का विषय है।

एक राष्ट्रीय स्तर के विश्वविद्यालय में सरेआम देश की बर्बादी के नारे लगते हैं । लगाने वाले उसे अपनी शैली , अपनी आजादी की अभिव्यक्ति बताते हैं तो कुछ उसे देशद्रोह की श्रेणी में रखना चाहते हैं। फिल्मी पटल पर नायक नायिका का प्रेमालाप हमें अच्छा लगता है, वहीं किसी पार्क में बैठे किसी युगल को देखकर हमें हमारी संस्कृति का पतन होता दिखाई देने देने

मुद्दा गरम है ।

लगता है
आखिर ये विरोधाभास क्यों ? एक ही घटना , परिस्थिति , शैली के प्रति हमारी अलग-अलग सोच क्यों ?
मेरा तात्पर्य यही है कि हम जो कुछ भी करते हैं वह परिस्थिति, परिवेशानुसार कहीं ना कहीं सही या कहीं गलत हो ही जाता है। हमारे प्रत्येक कार्य को हमारी स्वतन्त्रता, हमारी आजादी, हमारा अधिकार मानकर स्वीकार्य नहीं किया जा सकता ।
प्रत्येक कार्य की एक सीमा होती है जो अपने सीमित दायरों में ही उचित होता है । हर कार्य के लिए केवल कानून बनाकर नहीं सिखाया जा सकता । इस बात को हमें समझना ही होगा ।
मनुष्य एक सामाजिक प्राणी है और समाज बनाकर रहता है। किसी भी समाज को सुचारू रूप में चलाने के लिए कुछ मान्यताएँ , नियम तथा स्वीकार्यताएँ होती हैं । जिन का पालन हम सभी करते हैं । ये हमारे लिए कानून की तरह बंधन या अनिवार्य तो नहीं होते, परन्तु फिर भी सभी को इनका पालन करना होता है ताकि समाज की एक व्यवस्था बनी रहे ।
समाज क्या , हमारे अपने परिवारों में भी तो कुछ ऐसे अघोषित नियम होते हैं जिसे परिवार के सभी सदस्य सहजता से स्वीकार भी करते हैं और उनका पालन भी होता है। तो फिर समाज द्वारा हमारी जीवन शैली को तय करने वाले कुछ नियमों, मान्यताओं और बंधनों पर इतनी हाय-तौबा क्यों ?
मेरा तो यह मानना है कि यदि व्यक्ति को यदि निरकुंश छोड़ दिया गया तो समाज की व्यवस्था का ढाँचा चरमराकर ढह

जाएगा ।

समाज ही हमें प्रत्येक परिस्थिति के दोनों पहलुओं का ज्ञान देकर हमारी जीवन शैली को सभी के अनुरूप जीने की प्रेरणा देता है। यह हमारी सोच पर निर्भर है कि हम इसे सकारात्मक भाव से लें या फिर नकारात्मकता से । समाज के दिशानिर्देशों का उद्देश्य हमारा उचित मार्गदर्शन करना मात्र है । आज हम अपनी आधुनिकता और आजाद जीवन शैली के नाम पर समस्त वर्जनाओं को तोड़ देना चाहते हैं जो हमारे लिए कभी भी हितकर नहीं हो सकता । हमें अपनी सीमाओं का आभास होना ही चाहिए । हम कभी भी अपने आप को समाज से अलग नहीं कर सकते । और समाज की सामाजिकता तभी बनी रह सकती है जब हम सभी अपने लिए निर्धारित कायदों का पालन करें । अनियंत्रित चीजे कभी भी हितकर नहीं हो सकती । अगर हम ऐसे ही समाज की प्रत्येक परंपरा, व्यवस्था की धज्जियाँ उड़ा कर अपनी जीवन शैली के नाम पर मनमानी करने लगेंगे तो यह हमारे लिए भस्मासुरी वरदान जैसा साबित होगा, जिसमें एक दिन स्वयं को ही भस्म कर लिया था । मानव और जानवर का सबसे बड़ा अन्तर ही यही है कि हम समाज बनाकर रहते हैं जहाँ हमारा प्रत्येक कार्य एक एक दूसरे के सहयोग से एक-दूसरे के हित के लिए किया जाता है। आधुनिकता और आजादी के नाम पर अपने अनुसार केवल अपने लिए जीना, मात्र अपने अधिकारों की बात करना कैसे स्वीकार्य हो सकता है ? अतः कर्तव्यों के महत्व को भी हमें याद रखना होगा ।

मुद्दा गरम है ।

व्यक्तिगत जीवन शैली के नाम किसी को भी समाज की व्यवस्था तो तोड़ने का अधिकार नहीं । वर्ना उस जंगल राज के लिए अपने आप को तैयार रखिए जहाँ केवल ताकतवरों का साम्राज्य और मनमानी चलेगी ।

समाज द्वारा स्वीकृत जीवन शैली को अपना कर सामूहिक विकास की दिशा तय की जा सकती हैं ।

विपक्ष - हमारी जीवन शैली समाज द्वारा तय हो ।

आपने एक गाना तो अवश्य सुना होगा "कुछ तो लोग कहेंगे, लोगो का काम है कहना, छोडो बेकार की बातों को कहीं बीत ना जाए रैना"

हम सभी में से शायद ही कोई ऐसा होगा जो ये कह सके कि उसे आज तक कुछ भी करने, कहने, पहनने, कहीं जाने , किसी से मिलने, क्या खाने जैसे विषयों पर रोका टोका ना गया हो। बाहर की तो क्या कहें इसकी शुरुआत तो हमारे अपने घर से ही हो जाती है। बाहर कदम रखने से पहले ही पापा पूछ लेते हैं- कहाँ जा रहे हो ? माँ कहती है- ये क्या पहन रखा है ? इन कपड़ों में बाहर जाएगा ? फिर नम्बर आता है पड़ोसियों का - देखते रहते हैं कि किस के साथ जा रहा है, कहाँ जा रहा है ? स्कूल पहुँचो तो अध्यापकों की निगरानी - किस के साथ रहने लगा है ? क्या करने लगा है ?

हर कदम पर बस यही सवाल कि क्या खाने लगे हो ? कोई कहता है क्या पहनने लगे हो ? कोई कुछ तो कोई कुछ । कदम कदम पर बस सवाल.. सवाल.. और सवाल..।

यह देखकर ऐसा लगता है मानो हम क्या करें, कहाँ जाएं , किससे मिलें , क्या खाए , क्या पहने ? इन सब बातों की ठेकेदारी केवल और केवल हमारे समाज के पास ही है। हमारी अपनी सोच , अपना अस्तित्व , अपनी पसंद-नापसंद तो जैसे है ही नहीं । हमे अपना जीवन कैसे बिताना है, यह सब आज हमारे आस-पास का समाज तय करने लगा है। हमारी हालत उन कठपुतलियों जैसी होती जा रही है, जिसकी डोर समाज के हाथों में है और वह अपनी मनमर्जी से हमें नचा रहा है और हमारी जीवन शैली के लिए अपने नियम-मानदंड तय कर देना चाहता है।

समय बदल रहा है, पीढ़ियाँ बदल रही है, आवश्यकता, रहन सहन, खान-पान बदल रहा है। मगर ना जाने हमारे समाज की सोच, नजरिया नहीं बदल रहा है। वह इस बात पर विचार करने को भी तैयार नहीं कि हमें समय की आवश्यकता के अनुसार होने वाले परिवर्तनों को स्वीकार करना चाहिए या नहीं ? हमारा समाज हमें अपनी उसी पुरानी सोच और जीवन शैली में बांधे रखना चाहता है जो सदियों से चली आ रही है और जिसमें आज पूर्ण बदलाव की आवश्यकता है । वह वर्तमान पीढ़ी को बदलते माहौल के अनुरूप अपना जीवन जीने की आजादी देना ही नहीं चाहता । वह चाहता है कि जैसा जीवन उसने गुजारा या कहें कि उन्हें जीने को मजबूर किया गया, हम भी उसी जीवन शैली को ढो कर, परंपराओं और मान्यताओं के नाम पर, पुरानी मान्यताओं के अनुसार अपना जीवन जीते रहें। होने वाले

मुद्दा गरम है।

बदलावों के नाम पर उनकी सारी उम्मीद केवल वर्तमान में जीने वालों से ही है। समाज अपने अतीत को बदलना ही नहीं चाहता , चाहे वह कितना ही निरर्थक, या अनुपयोगी क्यों ना हो। यह वर्तमान की कड़वी सच्चाई है कि हमारा समाज हमारी जीवन शैली को अपने अनुसार तय कर देना चाहता है। वह चाहता है जैसा वह सोचता है ,सब वैसा ही करें क्योंकि केवल वह ही सही है और सभी को उसका आँख मूंद कर बिना किसी विरोध के पालन करना चाहिए। लेकिन आज के युग में यह संभव नहीं । बदलते समय और आवश्यकताओं के अनुरूप यदि हमें अपने आप को ढालना है तो समाज के बंधनों से निकलना ही होगा । अब इसे कोई माने या ना माने लेकिन परिवर्तन तो अवश्य आएगा ।

पक्ष - सोशल मीडिया समाज को जोड़ने का कार्य कर रहा है ।

आज समाज के एक वर्ग द्वारा सोशल मीडिया को जम कर कोसा जा रहा है । उनका मानना है कि सोशल मीडिया समाज को तोड़ रहा है । उन लोगों के तर्क-वितर्क सुनकर दिल बाग-बाग हो जाता है। अपने कुतर्कों द्वारा कितनी आसानी से वे यह सिद्ध करने की कोशिश कर डालते हैं कि सोशल मीडिया आज समाज को तोड़ने का काम कर रहा है।
किसी पर भी अंगुली उठा देना इस दुनिया का सबसे आसान काम है । समाज में हो रहे इस आधुनिक परिवर्तन की इस परंपरा से जो अपना सामंजस्य नहीं बैठा पाए , वही आज ये राग अलापने लगे हैं कि सोशल मीडिया समाज को तोड़ रहा है । वर्ना सोशल मीडिया ने तो जो आज कर दिखाया है शायर ही संचार को कोई अन्य माध्यम वैसा कर सके । सोशल मीडिया यानी फेसबुक , ट्विटर , वाट्स एप , ब्लॉग्स आदि तमाम वे इंटरनेटी माध्यम हैं जिनके जरिए आप और हम अपने काम , अपने विचार , अपनी तस्वीरें बड़ी आसानी से दुनिया के किसी भी कोने में पहुँचा पा रहे हैं। कुछ के लिए ये माध्यम अपने

परिजनों और मित्रों से जुड़े रहने में सहयोग कर रहा है , वही कुछ के लिए प्रचार और व्यापार में भी मददगार सिद्ध हुआ है। यहाँ आप देश, भाषा और संस्कृति के दायरों से परे जाकर किसी भी समाज से जुड़ सकते हैं । उनसे सीख सकते हैं , उन्हें सिखा सकते हैं । यहाँ आपको नए नए विचार मिलते हैं, नई जानकारियाँ प्राप्त होती हैं और अलग-अलग दृष्टिकोणों से आपका परिचय होता है । ये माध्यम आज किसी भी विषय पर सार्वजनिक चर्चा के ऐसे केन्द्र बन गए है जहाँ प्रत्येक के पास अपने विचार प्रकट करने का अवसर होता है । यहाँ आप जान सकते हैं कि दूसरों को अपनी राय से कैसे सहमत कराया जाता है। यहाँ आप नेतृत्व , प्रस्तुतिकरण , समन्वय, प्रचार और प्रोत्साहन की नई-नई तकनीकें जानते-समझते हैं। इस माध्यम के द्वारा आज हम जहाँ अपनी गतिविधियों , उपलब्धियों और जीवन में मिले सबक सभी से साझा करते हैं। वहीं दूर बैठे अपने सगे संबंधियों के साथ एक दूसरे के सुख-दुख में भागीदार भी आसानी से कर सकते हैं। आज के इस भागम-भाग भरे जीवन में हमें सुकून के कुछ पल प्रदान करने का काम सोशल मीडिया ही कर रहा । जिसने असीम दूरियों के बावजूद हमें जोड़ा है, नजदीक लाया है। ये आज हमारे जीवन का अभिन्न अंग बन चुका है। और इसका यदि ढंग से उपयोग किया जाए तो यह सिर्फ और सिर्फ हमारी वैचारिक दूरियाँ खत्म करके हमें आपस में जोड़ने का काम ही करता है।

देश में होने वाले विभिन्न चुनावों , सभाओं , गोष्ठियों , प्रचार-

प्रसार आदि तक में भी इसकी उपयोगिता देखने को मिलती है। हमारे देश के प्रधानमंत्री तक स्वयं आज इस माध्यम का उपयोग कर देश की जनता से व्यक्तिगत रूप से जुड़े हैं। इस माध्यम ने अब जीवन में सात समन्दर पार की बातों को हमेशा-हमेशा के लिए विराम दे दिया है। इस माध्यम की सहायता से हम अपनों को आज और अधिक नजदीक पाते हैं । सारांश यही है कि आज के युग में सोशल मीडिया हमें तोड़ने का नहीं ,जोड़ने का काम कर रहा है । और यदि इसका सदुपयोग किया जाए तो आने वाली समय वर्तमान समय को 'सोशल मीडिया क्रान्ति' के नाम से पहचानेगा।

विपक्ष - सोशल मीडिया समाज को जोड़ने का कार्य कर रहा है।

पल-पल बदलती प्रगति के इस नए युग में सोशल मीडिया एक ऐसे माध्यम के रूप में बनकर उभरा है, जिसने सारे संसार को हमारे आस-पास समेट दिया है। यह एक ऐसी आधुनिक तकनीक है जिसने आज एक दूसरे से अनजान लोगों को एक साथ एक मंच पर लाकर खड़ा कर दिया। जिन्हें हम जानते नहीं पहचानते नहीं, वे मात्र मोशल मीडिया के माध्यम से हमारे मित्र बन गए हैं। फेसबुक, ब्लॉग, ट्वीटर आदि सोशल मीडिया साइटों से जुड़कर दुनिया भर में अपने विचारों स्वीरों का आदान प्रदान कर रहे हैं। लेकिन जिस तेजी ये माध्यम लोकप्रिय हुए हैं, उसी तेजी से समाज में इसके नकारात्मक प्रभाव भी सामने आने लगे हैं। धीरे धीरे ये माध्यम आज अपनी उपयोगी छवि से भटक कर जोड़ने की बजाय तोड़ने की राहों पर अग्रसर हो गया है। और ये केवल कपोल कथन नहीं बल्कि एक कड़वी सच्चाई है, जिससे हम भाग नहीं सकते।

मित्रों , सोशल मीडिया की भी अपनी सीमाएं हैं । इस माध्यम पर आने वाले लोगों पर किसी भी अनुशासन का कोई बंधन नहीं

होता। इस स्वतन्त्रता ने इसे लोकप्रियता तो दी है परन्तु स्वतंत्रता के कारण इस पर होती अनुशासन हीनता ने इसकी गंभीरता पर अनेक सवाल खड़े कर दिए हैं। आज सोशल मीडिया ने कुछ लोगों को बेलगाम घोडों जैसा कर दिया है। इसका प्रयोग करने वाले लोगों का एक बड़ा वर्ग किसी के भी विचारों पर, कुछ भी टिप्पणी करने से गुरेज नहीं करता । उनकी टिप्पणियों की भाषा-शैली उत्तेजक, अशोभनीय अथवा अश्लील में से कुछ भी हो सकती है। लोग बात-बात पर बेबात टर्राते रहते हैं, चाहे कोई सुने या ना सुने | एक दूसरे से सवालों की होड़ सी लगी है। सवालों का यह अतिवादी तरीका समाज में नई असहिष्णुता को जन्म दे रहा है । जिस कारण आज विवेक शीलता की बजाय शोरगुल पर अधिक जोर हो गया है। सोशल मीडिया एक ऐसा परिवेश बन गया है जिसमें किसी भी व्यक्ति के चरित्र, पद, कार्य- इतिहास या निजता तक के बारे मे मनचाही टिप्पणियाँ की जा रही हैं। सोशल मीडिया पर अभद्र और असंयत भाषा का प्रयोग निरंतर बढ़ता जा रहा है ।
इस तकनीक का फायदा उठाते हुए कुछ अराजक लोगों ने तो भड़काऊ बयान और तस्वीरें डालकर देश की अखंडता पर ही चोट करने की कोशिशें कर डाली है। असम में दो समुदायों के बीच झड़पों पर हुए दंगों की घटनाओं की गूँज इन्हीं सोशल मीडिया वेबसाइटों से भाग बनकर फैली, जिसकी लपट आगे चलकर, मुंबई, बेंगलुरू, चेन्नई और हैदराबाद जैसे देश के अनेक भागों तक में दिखाई दी । सोशल मीडिया का ही नतीजा

था कि बेंगलुरू से भारी संख्या में पूर्वोत्तर के लोगों का पलायन हुआ।
अफवाहें फैलाना, अशोभनीय टिप्पणियाँ करना, अपशब्दों से भरी पोस्ट करना सोशल मीडिया पर आज आम होता जा रहा है। इस माध्यम में डूबा आज का युवा वर्ग नितांत एकाकी जीवन जीने लगा है जिसे दूसरों से कोई मतलब नहीं । परिवार जैसी संस्थाएं संवाद हीनता के कारण बिखराव की स्थिति में पहुँच गई है। लोगों का अधिकतम समय इस सोशल मीडिया माध्यम में ही खप रहा है। ऐसे में यदि हम आज सचेत नहीं हुए तो यह सोशल मीडिया हमारे व्यक्तित्व, परिवार और सामाजिक परिवेश को इतना तोड़ चुका होगा कि फिर वापस लौटना शायद संभव ना हो ।

पक्ष - ऑनलाइन शिक्षण महज औपचारिकता है ।

जिस देश के बचपन को दो वक्त का भोजन नहीं मिल पा रहा हो , जो एक जोड़ी नए कपडे को तरसता हो , दूर देहात में रहकर बिजली जैसी मूलभूत आवश्यकताओं से वंचित हो , इंटरनेट - कंप्यूटर के नाम तक से परिचित ना हो , उस बच्चे के लिए मंच से ऑनलाइन शिक्षण की बडी बडी बातें करना महज औपचारिकता नहीं तो और क्या है ?

ऑनलाइन शिक्षण का महिमामंडन करते हुए कुछ लोग कल्पनाओं के रथ पर सवार होकर आकाश को तो छूना चाहते हैं पर वे यथार्थ के कठोर धरातल को देखने , उसे महसूस करने से बच रहे हैं ।

उन्हें ये तो पता होना ही चाहिए कि जिस ऑनलाइन शिक्षण के लिए वे अपने तर्कों के पहाड़ खडे कर रहे हैं , उसके लिए सबसे पहले हमें तीन मूलभूत आवश्यकता की पूर्ति करनी होती है - बिजली , इंटरनेट और कंप्यूटर । और हाँ , इनसे भी बढकर महत्वपूर्ण कारक है- इन्हें खरीदने के लिए पैसा ।

हमारे देश का एक बड़ा हिस्सा आज भी गरीबी और अभावों से

जूझ रहा है । ये वो वर्ग है जिसका बच्चे या तो पढ़ ही नहीं पाते , या मात्र सरकारी सहायता के भरोसे विद्यालय तक पहुँचते हैं । अतः हमें ये अवश्य सोचना होगा कि ये बच्चे ऑनलाइन शिक्षण के लिए स्मार्टफोन, कंप्यूटर, लैपटॉप और इंटरनेट जैसी सुविधाएँ कहाँ से लाएंगे ?

निःसंदेह शहरों का धनाढ्य वर्ग और सुविधा सम्पन्न प्राइवेट विद्यालयों के लिए ऑनलाइन शिक्षा सहज हो सकती है परंतु गिने चुने लोगों की सुविधा का विचार संपूर्ण देश की शिक्षा व्यवस्था पर कभी नहीं थोपा जा सकता ।

चलो मान लिया जाए कि ये समस्त अभाव किसी तरह दूर भी हो जाएं , तो भी क्या ऑनलाइन शिक्षण को विद्यालय में प्रदान की जाने वाली पारंपरिक शिक्षा व्यवस्था का बेहतर विकल्प माना जा सकता है ?

कभी नहीं ।

जब कोरोना महामारी के कारण हम अपने घरों की चारदीवारी में कैद थे, उस समय 'कुछ तो करने' की औपचारिकता मात्र ने ही हमें ऑनलाइन शिक्षा से परिचित कराया था ।

याद कीजिए , कोरोना से पहले का समय । बच्चों को मोबाइल , कंप्यूटर के साथ देखते ही माता पिता डाँटकर कहा करते थे कि छोड़ दो इन्हें , आँखें खराब हो जाएंगी । और आज हम स्वयं उन्हीं बच्चों को ऑनलाइन शिक्षा की उपयोगिता के नाम पर गैजेटों की भीड़ में अकेला छोड़ देने की वकालत कर रहे हैं ।

ऑनलाइन शिक्षा के चंद लाभों के बदले हम जो खो देंगे , उसकी

मात्र कल्पना भी मन को बेचैन कर देती है ।

गुरुकुल परंपरा में गुरुओं का मार्गदर्शन पाकर विश्व गुरु कहलाने वाला हमारा देश आज गुरु विहीन शिक्षा अपनाने की बातें करने लगा है ।

विद्यालय में शिक्षकों के मार्गदर्शन और उनकी मौजूदगी में होने वाले शिक्षण का स्थान ऑनलाइन शिक्षा कभी ले ही नहीं सकती ।

पारंपरिक कक्षा में सहपाठियों के संग जो उत्साह और आनंद का वातावरण होता है , क्या ऑनलाइन में उस माहौल को कभी पाया जा सकता है ?

ऑनलाइन शिक्षा में बच्चे को विषय का ज्ञान तो दिया जा सकता है परंतु उसे व्यावहारिक कभी नहीं बनाया जा सकता । उचित मार्ग दर्शन व प्रतिस्पर्धी भावना का अभाव , नीरस वातावरण , अकेलापन , संवाद हीनता के कारण छात्र शीघ्र ही इससे ऊबने लगता है । यही कारण है कि ऑनलाइन शिक्षा महज औपचारिकता बन कर रह जाती है ।

पारंपरिक शिक्षा में जहाँ बच्चे पढ़ाई के साथ साथ नृत्य, संगीत, योग, खेलकूद, साहित्यिक , सांस्कृतिक गतिविधियों एवं प्रयोगात्मक कार्यशालाओं आदि में भाग लेकर अनेक नई चीजें सीखते है। वहीं ऑनलाइन शिक्षा इन सबसे दूर मात्र पाठ्यक्रम पूर्ण कराने के दायरे में सिमट कर रह जाती है ।

ऑनलाइन शिक्षण बच्चों को गैजेटों की भीड़ में सामाजिकता से दूर एकाकी तो करता ही है । साथ ही उसे लापरवाह ,

अव्यवस्थित , अनियंत्रित और अनुशासन हीन भी बनाता है । उनके अति प्रयोग से बच्चों में मानसिक तनाव के अतिरिक्त सिरदर्द, दृष्टि दोष , बेचैनी और एकाग्रता में कमी आने जैसे अनेक स्वास्थ्य संबंधी खतरे भी निस्संदेह विस्तार लेंगे ।
इंटरनेट के गलत इस्तेमाल की संभावनाओं से तो बच्चों का भविष्य भी खतरे में पड़ सकता है।
तो अब आप ही बताइए कि ऐसे नकारात्मक परिणामों के बीच हम ऑनलाइन शिक्षा को कैसे स्वीकार कर सकते हैं ?
ऑनलाइन शिक्षा कभी भी पारंपरिक शिक्षा का विकल्प नहीं बन सकती । यह महज औपचारिकता है । और ये सच्चाई हम सब को स्वीकार करनी ही होगी ।

विपक्ष - ऑनलाइन शिक्षा महज औपचरिकता है ।

ऑनलाइन शिक्षा को महज औपचरिकता कहकर व्यर्थ में समस्याओं का पहाड़ खड़ा कर देने का असफल प्रयास किया जा रहा है । हर समस्या अपने साथ कोई न कोई समाधान लेकर जरूर आती है । कोरोना महामारी ने शिक्षा जगत में ही नहीं बल्कि पूरे विश्व के हर क्षेत्र के सामने समस्याओं का अम्बार खड़ा कर दिया है । इस जानलेवा महामारी में बच्चे न तो घर से निकल सकते थे और न ही घर में ठीक से पढ़ सकते थे । ऐसे में यह ऑनलाइन शिक्षा व्यवस्था बच्चों के लिए वरदान बनकर आई । अगर ऑनलाइन शिक्षा व्यवस्था न होती तो न जाने बच्चों का क्या होता । मोबाइल, इंटरनेट, कंप्यूटर, बिजली आदि का रोना रोने वाले मेरे ये भूल गए है कि विपरीत परिस्थितियों में ऑनलाइन शिक्षा ने ही संजीवनी का कार्य किया था । महामारी के इस दौर में भारत ही नहीं बल्कि विश्व के करोड़ों छात्र ऑनलाइन शिक्षा व्यवस्था के द्वारा पढाई कर रहे हैं । ऑनलाइन शिक्षा के महत्त्व को देखते हुए हम इसे महज औपचरिकता नहीं कह सकते । ऑनलाइन शिक्षा व्यवस्था की

जितनी प्रशंसा की जाए उतनी कम है । यूनेस्को के मुताबिक कोविड-19 की शुरूआत के बाद दुनिया के एक सौ अड़तीस देशों के करीब डेढ़ अरब छात्रों की शिक्षा विद्यालयों के बंद होने से बाधित हुई है। स्कूली शिक्षा में आए इस व्यवधान के बाद एक विकल्प के रूप में ऑनलाइन शिक्षा का प्रचलन तेजी से बढ़ा है । ऑनलाइन शिक्षा महज औपचरिकता नहीं है । बल्कि शिक्षा का एक महत्वपूर्ण साधन बन गई है । जब-जब समाज का स्वरूप बदला , शिक्षा के स्वरूप में भी परिवर्तन किया गया । ब्लैकबोर्ड से लेकर स्मार्टबोर्ड तक बदलती तकनीकी का उपयोग क्लासरूम शिक्षण को मजबूत और रुचिकर बनाने के लिए किया गया । अगर आज शिक्षा का ऑनलाइन माध्यम ना होता तो इस महामारी के दौर में बच्चों की पढ़ाई अधूरी रह जाती और करोड़ो बच्चे शिक्षा हासिल नहीं कर पाते ।
महामारी के दौर में भी ऑनलाइन शिक्षण के द्वारा ही शैक्षिक गतिविधियों को छात्रों तक वर्चुअल रूप में पहुँचाने के साथ ही विषय सामग्री के रूप में पाठों से संबंधित PDF, PPT, VIDEO, एनिमेटेड चित्र, गूगल मैप्स आदि के प्रयोग द्वारा पढ़ाई को बोधगम्य तथा रुचिकर बनाया जा सका है । फिर कैसे कह दें कि ऑनलाइन शिक्षा महज औपचारिकता है ।
शिक्षक और छात्रों ने ऑनलाइन शिक्षा के कारण ही तमाम नई तकनीकों को सीखा है जैसे - कंप्यूटर या लैपटॉप में स्काइप, जूम, गूगल मीट, माइक्रोसोफ्ट टीम एप्लीकेशन आदि । अगर ऑनलाइन शिक्षा महज औपचरिकता होती तो राज्य सरकारें ‘

स्कूली बच्चों को व्हाट्सएप के जरिये रोजाना स्टडी मेटेरियल, वीडियो, ऑडियो द्वारा शिक्षा क्यों देतीं । अगर ऑनलाइन शिक्षा महज औपचरिकता होती तो देश-विदेश के सरकारी और निजी विद्यालय, कोचिंग सेंटर आदि इसे शिक्षा का माध्यम क्यों बनाते । हम सब को पता है कि भारत में कई ऐसे ऑनलाइन प्लेटफार्म है जो छात्रों को अच्छी से अच्छी शिक्षा पहुंचाने की कोशिश कर रहे है। इन लोगों ने ऑनलाइन के जरिए छात्रों तक बेहतरीन शिक्षा पहुँचाने की सफल कोशिश की है ।

ऑनलाइन शिक्षा को बढ़ावा देने के लिए ही सरकार ने PM eVIDYA नामक प्रोग्राम की शुरूआत की है । इसमें केंद्र और राज्य सरकार द्वारा DIKSHA PORTAL के माध्यम से स्कूली शिक्षा पर जोर दिया गया है । सभी स्कूली कक्षा के छात्रों को "वन नेशन-वन प्लेटफॉर्म" के तहत ई-कंटेंट और QR कोड आधारित किताबें मुहैया कराई गई । इसमें पढ़ाई के लिए रेडियो, कम्युनिटी रेडियो और पॉडकास्ट्स के जरिए शिक्षा ग्रहण करने पर ज़ोर दिया गया । इतनी उपयोगिताओं के होते कैसे कहा जा सकता है कि ऑनलाइन शिक्षा महज औपचारिकता है ।

ऑनलाइन शिक्षा महज औपचारिकता होती तो ऑनलाइन शिक्षा के अतिरिक्त महामारी के दौर में हमारे पास कोई दूसरा माध्यम नहीं था, जिससे हम छात्रों की पढाई सुनिश्चित कर सकते ।

मुद्दा गरम है ।

जब भी कोई नया माध्यम प्रस्तुत होता हैं तो उसका सम्पूर्ण एवं उपयोगी स्वरूप बनने में कड़ी दर कड़ी सुधारों की आवश्यकता होती है । ऑनलाइन शिक्षा की अवधारणा बेहद उपयोगी और गुणवत्तापूर्ण है । परन्तु अभी भी बहुत से सुधारों को अपनाए जाने की जरूरत महसूस होती है , न की उसे सिरे से नकारने की ।

पक्ष - सभी चुनाव एक साथ कराए जाने चाहिए ।

आज हमारा देश बदल रहा है। और देश ही नहीं, देश के लोगों की सोच भी बदल रही है । देश की सत्ता रूढ़ सरकार देश हित में बड़े-बड़े फ़ैसले लेने में सक्षम है और ऐसे फ़ैसलों को देश की जनता ने सहर्ष स्वीकार भी किया है । धारा 370, ट्रिपल तलाक , GST जैसे फैसलों ने आज देश की दशा और दिशा को ही बदल कर रख दिया है। ऐसे में एक और निर्णय की माँग उठ रही है कि सभी चुनाव एक साथ कराए जाने चाहिए ।

सभी चुनाव एक साथ कराए जाने चाहिए के विपक्ष में इतने सारे कुतर्कों और समस्याओं का पहाड़ खड़ा कर देने का जो असफल प्रयास हो रहा है , इससे विषय पर लोगों अल्प ज्ञान की प्रवृति का पता चलता है ।

भारत में एक साथ चुनाव कराना कोई नया विचार नहीं है। स्वतंत्रता के बाद 1952, 1957, 1962 और 1967 में लोकसभा और राज्य विधानसभाओं के चुनाव एक साथ ही कराए गए थे ।

'एक देश-एक चुनाव' के सिद्धांत को अमल में लाकर चुनाव के खर्च, पार्टी के खर्च आदि पर नज़र तथा नियंत्रण रखने में

सहूलियत होगी। जब वर्ष 1951-52 में लोकसभा का पहला चुनाव हुआ था उसमें चुनाव खर्च लगभग 11 करोड़ रुपए आया था। अब इसकी तुलना में 17वीं लोकसभा के चुनाव में लगभग 60 हज़ार करोड़ रुपए खर्च होने का अनुमान है, ऐसा तो तब है जब राजनीतिक दल अपने चुनावी खर्चों की जानकारी साफ-साफ नहीं देते है।

17वीं लोकसभा चुनाव 7 चरणों में 75 दिनों में संपन्न हुआ । इस आम चुनाव को अब तक का सबसे खर्चीला चुनाव बताया गया । इस लिहाज़ से एक वोट पर औसतन 700 रुपए खर्च किये गए और हर लोकसभा क्षेत्र में लगभग 100 करोड़ रुपए खर्च हुए। वर्ष 2014 के लोकसभा चुनाव में लगभग 30 हज़ार करोड़ रुपए का खर्च आया था, जो मात्र पाँच वर्षों में बढ़कर दोगुना हो गया।

'सभी चुनाव एक साथ कराए जाने' से जहाँ सार्वजनिक धन की बचत होगी प्रशासनिक सेटअप और सुरक्षा बलों पर भार कम होगा, सरकार की नीतियों का समय पर कार्यान्वयन सुनिश्चित हो सकेगा वहीं यह भी सुनिश्चित होगा कि प्रशासनिक मशीनरी सदा चुनावी गतिविधियों में संलग्न रहने के बजाय विकासात्मक गतिविधियों में लगे।

मेरा विचार है कि देश में एक साथ यानी 5 साल में एक बार में ही संसदीय, विधानसभा और पंचायत चुनाव होने चाहिए। एक साथ ही सारे चुनाव निपटा लिए जाएं। इससे देश का पैसा, संसाधन, मानवीय उर्जा तो बचेगी ही, साथ ही सुरक्षा बलों,

प्रशासनिक और राजनैतिक मशीनरी को भी हर समय होने वाले चुनावों के लिए इधर से उधर नहीं भेजना पड़ेगा। बार-बार चुनाव कराने से सरकार का सामान्य कामकाज ठहर सा जाता है क्योंकि चुनाव से पहले चुनावी आचार संहिता लागू हो जाती है। पूरे साल देश में कहीं-न-कहीं चुनाव होते रहते हैं और इसकी वज़ह से नियमित रूप से होने वाले काम ठप्प पड़ जाते हैं । इससे न केवल राज्यों में काम रुकता है, बल्कि केंद्र सरकार का काम भी प्रभावित होता है।

यदि धारा 370 हटाई जा सकती है , एक देश-एक टैक्स लागू किया जा सकता है तो देश में'एक देश-एक चुनाव' भी कराया जा सकता है । बस कार्य करने की इच्छा शक्ति होनी चाहिए ।

विपक्ष - सभी चुनाव एक साथ कराए जाने चाहिए ।

मुझे लगता है कि तर्कविहीन, तथ्यविहीन, आधारहीन, निराधार बातों के साथ आज देश को गुमराह करने का प्रयास किया जा रहा है कि सभी चुनाव एक साथ कराए जाने चाहिए । क्या भारत जैसे विशाल देश में जिसकी जनसंख्या लगभग 135 करोड़ हो , उस राष्ट्र में एक साथ चुनाव कराया जाना संभव होगा ? कदापि यह संभव नहीं हो सकता ..... चुनाव भी एक नहीं नहीं , पंचायत से लेकर देश के सर्वोच्च सदन लोकसभा तक के चुनाव एक साथ.. । मात्र सोचने पर ही यह विषय बड़ा हास्यास्पद एवं बिना सोच-विचार का लगता है । क्या संपूर्ण राष्ट्र में एक साथ चुनाव संपन्न हो सकना संभव होगा ? जब पूरा राष्ट्र वैश्विक महामारी कोविड-19 से लड़ रहा था उस समय हमारे देश ने दो दो वैक्सीन तैयार की और दुनिया को भारत की ताकत का एहसास करवाया । फिर भी पूरे देश में वैक्सीनेशन कितना , किस गति से कितने समय में हो पाया , उसकी जानकारी आप सब को है । जब पूरे देश में जीवन रक्षक वैक्सीन लगाना ही एक साथ संभव नहीं हो पाया तो फिर चुनाव

जैसे लोकतंत्र के महापर्व को कैसे एक साथ संपन्न करवाया जा सकता है ?

क्या हमारा देश आर्थिक और व्यवस्थात्मक रूप से इसके लिए इतना तैयार है कि हम लोगों को एक साथ चुनाव करवाने के लिए प्रेरित भी करें और इसका सुचारू आयोजन भी ?

क्या आज हमारे देश की सुरक्षा व्यवस्था इतनी पुख्ता और मजबूत है कि वह संपूर्ण देश में एक साथ सभी मत पेटियों, ईवीएम मशीन एवं चुनाव बूथों पर सुरक्षा के पुख्ता इंतजाम कर सकती है ?

क्या राष्ट्र के पास इतने अधिकारी और कर्मचारी है जो कुशलतापूर्वक बिना किसी अव्यवस्था के पूरे देश में सभी चुनाव एक साथ संपन्न करवा सकें ?

क्या हमारे संपूर्ण राष्ट्र की भौगोलिक और प्राकृतिक स्थिति एक जैसी है, जहाँ आप सभी चुनाव एक ही समय में एक साथ संपन्न करवा सकेंगे ?

ऐसे और भी अनेक तथ्य हमारे समक्ष प्रश्नचिन्ह बन कर खड़े हो जाते हैं , जिनका समाधान अभी किसी के पास नहीं है ।

लेकिन फिर भी हम संपूर्ण राष्ट्र में एक साथ चुनाव करवाने की बात कर रहे हैं तो ऐसी आधारविहीन बातों को प्रस्तुत करके हम क्या संदेश देना चाहते हैं ? जब देश के चुनाव आयोग को एक ही राज्य में चुनाव के लिए 8-8 चरणों की व्यवस्था करनी पड़ती है तो फिर वह संपूर्ण राष्ट्र में एक साथ कैसे चुनाव संपन्न करवा सकता है ?

जहाँ अलग अलग होने वाले मतदान में भी मतों का औसत प्रतिशत 55 से 60 प्रतिशत के बीच में रहता हो वहाँ एक साथ चुनाव में ये प्रतिशत कितना नीचे आएगा उसका अंदाजा हम नहीं लगा पा रहे हैं । ऐसे में कैसे नेता चुने जाएंगे , वे कितने विकास के कार्य करवाएंगे, क्या इन सभी के बारे में कभी किसी ने विचार किया ही नहीं है ? नहीं...एक साथ चुनाव संपन्न करवा कर अपने कर्तव्यों की इतिश्री नहीं की जा सकती । कुछ बातें कहने सुनने में तो बहुत अच्छी लगती हैं पर वास्तविकता के धरातल पर जाते ही दम तोड़ देती हैं । कोई निर्णय लेना बहुत ही आसान होता है, लेकिन जब आप उसे लागू करते हैं तो उससे पहले आपको कई पहलुओं पर गंभीरता से विचार करना होगा ।

पक्ष - राजनीति मुक्त खेलसंघों से ही खेलों के स्तर में सुधार लाया जा सकता है।

आज हमारा देश राजनीति के उस दौर से गुजर रहा है जहाँ हर कोई, जहाँ है, जैसा है , जिस स्तर पर, जितना कर सकता है , उतना ही भ्रष्टाचार में लिप्त दिखाई देता है। खाने - खिलाने के इस घिनौने खेल में हमारे देश के खेल संघ भी अछूते नहीं हैं। राजनैतिक आपा धापी, अपना प्रभुत्व बनाए रखने की जद्दोजहद और व्यक्तिगत स्वार्थों के चलते ये खेल संघ चंद राजनीतिज्ञों के हाथों की कठपुतलियाँ मात्र बनकर रह गए हैं। खेलों के विकास के उद्देश्यों से इन सबका गठन किया गया था । परंतु लगता है कि अपनी राजनीतिक महत्वाकांक्षाओं और स्वार्थों के भँवर में फँसकर आज वे अपने मूलभूत उद्देश्यों से कोसों पीछे छूट गए हैं। ऐसी विषम परिस्थितियों में यदि हम खेलों के स्तर में सुधार लाना चाहते हैं तो हमारे खेल संघों को राजनीति से मुक्त करना ही होगा । अन्यथा दलगत राजनीति का ये दानव हमारे खेलों और खिलाड़ियों को समूचा निगल जाएगा।

आज राजनीति और भ्रष्टाचार एक-दूसरे के पर्याय बन चुके हैं।

एक कहावत तो आपको याद ही होगी "जहाँ जहाँ पैर पड़े संतन के, वहाँ वहाँ बेड़ा पार ।" परन्तु आज की परिस्थितियों में तो हम यह कह सकते हैं कि "जहाँ-जहाँ पैर पड़े राजनीति के , वहाँ-वहाँ बंटाधार ।" और आज के संदर्भ में ऐसा कहना गलत भी नहीं है। आज हमारे तमाम खेल संघ राजनीति की काली छाया से घिरे हुए हैं, जिसके अंधकार में हमारी खेल प्रतिभाएँ चमक दिखाने से पहले ही दम तोड़ देती हैं। सवा सौ करोड़ से अधिक की आबादी वाला का हमारा देश, जिस में युवावर्ग का अच्छा खासा प्रतिशत है, अन्तर्राष्ट्रीय खेल मुकाबलों में एक एक पदक पाने के लिए तरस जाता है। विश्व कप फुटबाल जैसे मुकाबलों में तो हमारे देश के दल का चयन होना भी हमारे लिए अभी एक सपना ही है। विंबलडन जैसी प्रतियोगिताओं के पहले- दूसरे राउंड में ही पहुँच कर हम अपनी पीठ थपथपा लेते हैं। किसी समय हमारी हॉकी का परचम सारे विश्व में लहराता था, लेकिन आज हालात यह हो गए हैं कि हमें प्रारंभिक मुकाबलों से पार निकलने के लिए भी संघर्ष करना पड़ता है।

कुछ देशों तक सीमित क्रिकेट की बात छोड़ दें तो ऐसा कौनसा खेल है जिसमें हम विश्व के अन्य खिलाड़ियों के सामने टिक पाते हों ?

खेलों की इस बदतर हालत का जिम्मेदार आखिर कौन है ? समस्या की जड़ तलाशने पर ही हमें पता चलेगा कि हमारे खेल संघों में ही कहीं ना कहीं कोई कमी हैं , जिसके कारण वे खेलों को उचित सम्मान नहीं दिला पा रहे हैं । गौर करने वाली बात

यह है कि तमाम सुविधाओं के बावजूद ये खेल संघ आखिर क्यों खेलों का स्तर को ऊँचा नहीं उठा पा रहे हैं ? ऐसे में हमारे सामने जो परिदृश्य उभरता है, वह है खेल संघों में राजनीतिक हस्तक्षेप। ये हस्तक्षेप चाहे बाह्य स्तर पर हो या आंतरिक स्तर पर , खेलसंघों में इसके होने का नुकसान केवल खेल को ही हो रहा है । खेलों का क ख ग भी न जानने वाले राजनीतिज्ञ आज तमाम खेल संघों के अध्यक्ष पदों पर विराजमान हैं। उनका लक्ष्य खेल ना होकर खेलसंघों पर मात्र अपने दल का प्रभुत्व और अपना वोटबैंक ही है। इसी राजनीति के चलते भाई-भतीजा के कारण ना तो अच्छे खिलाड़ियों को उचित अवसर ही मिल पाता है और ना ही विश्वस्तरीय सुविधाएं। सरकार की ओर से पैसा जारी तो होता है लेकिन राजनीति के रास्तों की उलझन में भटककर ना जाने कहाँ और किसके लिए खो जाता है , कुछ पता नहीं ? नई दिल्ली में कामनवेल्थ खेल हुए थे आपको याद तो होगा ही । राजनीतिज्ञों द्वारा पोषित भ्रष्टाचार के कारण आजतक उन खेलों की बजाय उनमें हुए घपलों की चर्चाएँ होती हैं। ऐसे में हम कैसे उम्मीद करें कि खेलसंघ हमारे देश में खेल के उत्थान का सकारात्मक माहौल बना पाएंगे ? ये संभव ही नहीं ।

यदि हम चाहते है कि खेल खेलों की तरह ही खेले जाए तो उन्हें आज राजनीति से मुक्त करना ही होगा। अन्यथा बेहतर परिणामों की चाह हमारे लिए सदा आकाश कुमुम ही बनी रहेगी। हाँ , कुछ प्रतिभाएं कभी कभी अपवाद स्वरूप इस

अंधकार के चीर कर अपनी चमका बिखेरती रहती हैं लेकिन खेलों की असली सुबह उसी दिन होगी जब खेलों और खिलाड़ियों के उत्थान के लिए उनकी कमान खेल से जुड़े और उनकी समझ रखने वाले विशेषज्ञों को ही दी जाएगी। राजनीति मुक्त खेल संघ ही हमारे देश में खेलों का चमचमाता भविष्य बना सकते हैं। उम्मीद है आने वाला समय ऐसा ही होगा जिसमें हर प्रतियोगिता की पदक तालिका में हमारे देश का नाम स्वर्णिम चमकता दिखाई दे।

विपक्ष - राजनीति मुक्त खेलसंघों से ही खेलों के स्तर में सुधार लाया जा सकता है ।

आपने एक कहावत तो सुनी ही होगी- 'नाच ना जाने, आँगन टेड़ा' । अक्सर व्यक्ति अपनी कमियाँ छिपाने के लिए दूसरों के ऊपर दोषारोपण के आसान रास्ते खोज लेता है। कुछ ऐसा ही आज भी हो रहा है । हमारे देश के तमाम खेलसंघों की नाकामियों, अकर्मण्यताओं का ठीकरा केवल राजनीति के सिर पर फोडा जा रहा है । परंतु अपने आप को पाक साफ दिखाने का ये प्रपंच असफलताओं की जिम्मेदारी लेने से बचा नहीं सकता । सबसे पहले तो हम यही जानना चाहेंगे कि 'राजनीति' शब्द से संकेत किसकी ओर है ? क्या यह शब्द कुछ भ्रष्ट राजनीतियों की ओर इशारा कर रहा है, या देश की संपूर्ण राजनैतिक व्यवस्था को दोषी मानकर उसे कटघरे में खड़ा किया जा रहा रहा है ? इस शब्द का एक अर्थ खेलसंघों में आन्तरिक स्तर पर व्याप्त राजनीति से भी तो लिया जा सकता है । अगर ऐसा है तो फिर खेलों में सुधार लाने के लिए आप इनमें से राजनीति के किस पक्ष को जिम्मेदार मानते हैं ?

जब हम एक उंगली दूसरों की तरफ उठाते हैं तो तीन उंगलियों

हमारी अपनी ओर भी उठी होती हैं, जिन्हें हम कभी नहीं देखते। खेलों में सुधार लाने के लिए राजनीति मुक्त खेल संघ होना एक कारण तो हो सकता है परंतु समस्त दोष केवल राजनीति पर थोंपना किसी भी दृष्टि से उचित नहीं कहा जा सकता । बदलाव केवल व्यवस्था बदलने से नहीं होगा, हमें इसके लिए अपनी सोच भी बदलनी होगी । 'पढ़ोगे-लिखोगे बनोगे नवाब, खेलोगे कूदोगे होगे खराब' के मंत्र की परिभाषा जो हमारे मानस पर गहरे में अंकित है, आज उसे भी हमें कुरेदना होगा। आज हम सभी पढ़-लिखकर डॉक्टर, इंजीनियर, बिजनेसमैन तो बनना चाहते हैं लेकिन खेलों में मैडल जीतना शायद ही किसी के जीवन का संपूर्ण लक्ष्य हो। कोई खेल रहा है अपने मजे के लिए , कोई अपने स्वास्थ्य के लिए तो कोई केवल सरकारी नौकरी या सुविधाएँ पाने के लिए । सभी का अंतिम लक्ष्य मात्र भौतिक सुख-सुविधाएँ हासिल कर आरामदेह जीवन जीना रह गया है। तो फिर मैदान में पसीना बहाकर खेलों के प्रति समर्पण कहा से पाया जा सकता है। हमारी तमाम शिक्षण संस्थाएं भी केवल पुस्तकीय परीक्षा परिणामों में श्रेष्ठ प्रदर्शन की दौड़-धूप में लगी हैं। ऐसे में जब हमारा लक्ष्य ही पदक हासिल करना नहीं है तो फिर इधर-उधर ये दोषारोपण क्यों ?

खेलों के स्तर में सुधार लाने के लिए आवश्यकता है कि हम राजनीति को कोसने की बजाय बच्चों में प्रेरणा भरकर उन्हें खेलों को अपना लक्ष्य और उसमें भी कैरियर बनाने के लिए प्रेरित करें। अगर खेलों में हुए पतन का जिम्मेदार हम केवल

राजनीति को मानते रहेंगे तो ये उचित नहीं । क्रिकेट इस बात का जीता-जागता उदाहरण बनकर हमारे सामने है कि यदि सही निर्णय और योजनाबद्ध तरीके से आगे बढ़ा जाए तो हर लक्ष्य हमारी मुट्ठी में हो सकता है। BCCI भी तो एक खेल संघ ही है । तो फिर क्रिकेट के स्तर में आज हमारे देश में ऐसी धूम क्यों ? IPL जैसे आयोजन सैकड़ों नई प्रतिभाओं को आज आगे बढ़ने के अवसर प्रदान कर रहे हैं। यदि राजनीति ही खेलों के स्तर में गिरावट का कारण होती तो विजेंद्र सिंह, साइना नेहवाल, गोपीचन्द, मैरिकोम, सानिया मिर्जा जैसे खिलाड़ी अन्तरराष्ट्रीय स्तर पर कभी भी अपनी पहचान नहीं बना पाते। तो आइए , व्यवस्थाओं को कोसने के स्थान पर उसे बदलने और नई सोच लाने का प्रयास करें। जीवन में खेलों को गम्भीरता से अपनाने की मानसिकता बनाएं । उन्हें भी अपने जीवन का लक्ष्य समझे । खेलों को भी पुस्तकों के समान महत्व दें । बचपन से ही खेलों में लक्ष्य निर्धारित कर ,उचित अवसर उपलब्ध करा खेलों के स्तर को सुधारा जा सकता है। इसके लिए राजनीति मुक्त खेल संघ नहीं बल्कि पुरानी परिपाटी पर लकीर पीटते व्यवहार को बदलने की आवश्यकता है। अगर आप में प्रतिभा है तो किसी अंधेरे में इतनी ताकत नहीं कि आपकी चमक को कैद कर सके ।

जाग जरा और जोर लगा ,कुछ जोश दिखा, कुछ कदम बढ़ा ।

पक्ष - वर्तमान शिक्षा व्यवस्था डिग्रियों की टकसाल बनकर रह गई है ।

प्रतिवर्ष हमारे देश के विभिन्न विश्वविद्यालयों में लाखों विद्यार्थी मोटी मोटी फीस चुकाकर प्रवेश पाते हैं । पाठ्य पुस्तकों को पढ़ने में अपने दिन रात खपाते हैं । मेहनत करते हैं , परीक्षा देते हैं और अंत में डिग्रियाँ लेकर अपने सुनहरे भविष्य के सपनों के साथ खुशी खुशी घर लौटते हैं । जोश और उत्साह से भरे ये युवा जब अपनी उन्हीं डिग्रियों के विश्वास पर उज्ज्वल भविष्य की कामना के साथ जैसे ही यथार्थ के कठोर धरातल से टकराते हैं , उसके सपने चूर चूर होने लगते हैं ।
आज की शिक्षा व्यवस्था का यही काला पक्ष है कि वर्तमान शिक्षा व्यवस्था द्वारा हासिल डिग्रियाँ उन्हें केवल बेरोजगारी की अंतहीन पंक्ति में खड़ा कर देती है । जिसके कारण हम पढ़ लिख कर भी मात्र भीड़ का हिस्सा बनते जा रहे हैं ।
आज कहने को हमारे पास डिग्रियाँ हैं लेकिन कैरियर को बनाने की जद्दोजहद और संघर्ष में ये मात्र लकड़ी की तलवार की तरह लगने लगती हैं , जिनके सहारे हम भविष्य की जंग जीतने निकले थे । ऐसी स्थिति में हमारे समक्ष स्वयं को ठगा सा

महसूस करने के अतिरिक्त कोई रास्ता नहीं बचता ।

आज शिक्षा के प्रचार प्रसार के नाम पर समस्त शिक्षा व्यवस्था को सब्जी मंडी जैसा बना दिया गया है । सभी अपनी अपनी डिग्रियों को बेचने के लिए अपनी अपनी दुकान सजाए बैठे हैं । बढ़ती जनसंख्या और रोजगार की चाहत में हजारों बच्चे, युवा इन दुकानों की ओर खींचे चले आते हैं । आज हर गली, मोहल्लों में दुकानों की तरह खुले इन कॉलेजों में धड़ल्ले से डिग्रियाँ बाँटी जा रही है । सरकार भी अपने दोनों हाथों से लड्डू खा रही है । एक ओर वह मान्यता के नाम पर मोटा शुल्क वसूल करके हर किसी को कॉलेज खोलने की अनुमति दे रही है, वहीं दूसरी और आँकड़ों के खेल में शिक्षा के प्रसार की वाहवाही भी लूटना चाहती है । ऐसे में उपलब्धियों के नाम पर शिक्षा का मात्र उपहास उड़ाया जा रहा है ।

ऐसी व्यवस्था में गुणवत्तापूर्ण शिक्षा की कामना करना व्यर्थ ही है । आज हमारी शिक्षा व्यवस्था का पूर्ण रूप से व्यवसायीकरण हो चुका है । समाचार पत्र ऐसे विज्ञापनों से भरे रहते हैं जहाँ पैसों के बदले हर क्षेत्र की डिग्रियाँ उपलब्ध हैं । अफसोस कि आज प्रत्येक बिना मेहनत के उन्हें पाने को लालायित भी है । डिग्रियों के बाजार सजने लगे हैं , जहाँ प्रत्येक अपनी जरूरत, क्षमता के अनुसार उन्हें खरीद कर पढ़े लिखे की कतार में शामिल हो रहा है । लेकिन ऐसी डिग्रियाँ ना तो व्यक्ति का मानसिक विकास कर उसे योग्य बनाने का सामर्थ्य रखती हैं और ना ही उसे अनुभव एवं अनुसंधान आधारित शिक्षा प्रदान

कर उपार्जन की क्षमता प्रदान करती है । केवल परीक्षा उत्तीर्ण कराने वाली हमारी शिक्षा व्यवस्था ने हमारी नींव को इस कदर खोखला कर दिया है कि प्रगति की दौड़ में हम लगातार पिछड़ते जा रहे हैं । आज छोटी-छोटी रोजमर्रा की वस्तुओं के लिए भी हम विदेशी बाजारों एवं उनके द्वारा बनाए जा रहे सामानों पर ही निर्भर हैं । हथियार , दवाइयाँ, टेक्नोलॉजी जैसे अनेक क्षेत्रों में हमें दूसरे देशों का मुँह देखना पड़ता है ।

कुछ गिने-चुने नैसर्गिक प्रतिभा के धनी युवाओं को उदाहरण बनाकर हम कब तक आत्ममुग्धता के शिकार बने रहेंगे ?

समय-समय पर बैठाए जाने वाले अनेक आयोगों, समितियों की रिपोर्टों में न जाने कितनी बार हमारी शिक्षा व्यवस्था का यह असली रूप सरकारों के सामने रखने की कोशिश की है । परंतु परिणाम कुछ नहीं । वर्तमान शिक्षा व्यवस्था के अंतर्गत डिग्रियाँ तो बाँटी जा रही है पर उससे मात्र पढ़े-लिखे बेरोजगारों की भीड़ ही तैयार हो रही है । क्योंकि उनके पास आज डिग्रियों के अतिरिक्त ऐसी कोई भी योग्यता नहीं जिसके सहारे वे अपना सुनहरा भविष्य सुनिश्चित सकें । ऐसी शिक्षा व्यवस्था को मात्र 'टकसाल' कहने में कुछ भी गलत नहीं ।

तो आइए । सोचे विचारे और विरोध की बजाय कारणों को पहचान कर उन व्यवस्थाओं को बदलने का प्रयास करें , जिनके कारण आज हमारा विश्वास हमारी शिक्षा व्यवस्था से उठता जा रहा है ।

विपक्ष - वर्तमान शिक्षा व्यवस्था डिग्रियों की टकसाल बनकर रह गई है ।

क्या आज हम अपनी शिक्षा व्यवस्था से निराश हो चुके हैं ? क्या केवल पुस्तकीय ज्ञान हमें संतुष्टि नहीं दे पा रहा है ? क्या हमें लगने लगा है कि डिग्रियों के द्वारा योग्यताओं का उचित मूल्यांकन संभव नहीं ? या फिर हम कुछ और ही चाहते हैं , जो हमें वर्तमान व्यवस्था में हासिल नहीं हो पा रहा है ?
क्यों कि 'डिग्रियों की टकसाल' कहना तो हमारी समुचित शिक्षा व्यवस्था पर ही नकारात्मकता , अविश्वास और असंतुष्टि भरा गहरा व्यंग्य प्रतीत होता है । लगता है हम अपनी तमाम महत्वाकांक्षाओं, अतृप्त इच्छाओं, असफलताओं का दोष वर्तमान शिक्षा व्यवस्था के सिर मढ़ रहे हैं और मानने लगे है कि वर्तमान शिक्षा व्यवस्था हमारे भरोसे से भटक चुकी है । क्या आज की डिग्रियाँ केवल बाँटने भर के लिए रह गई हैं ? कुछ अनसुलझे विचारों को आधार बनाकर हमारी संपूर्ण शिक्षा व्यवस्था को ही प्रश्नचिन्हों के घेरे में लाना किसी भी दृष्टि से उचित नहीं कहा जा सकता । हमें तो नकारात्मकता के गहन अंधकार में भी उम्मीदों के चमकते चाँद को तलाशना चाहिए ।

जिस शिक्षा व्यवस्था को हम मात्र 'डिग्रियों की टकसाल' कह रहे हैं , उसी के दम पर आज हमारे देश के युवा विश्व में अपनी प्रतिभा का परचम लहरा रहे हैं । विकास का कोई ऐसा क्षेत्र नहीं जिसमें वे अपनी योग्यता का लोहा नहीं मनवा रहे हों ।
तो प्रश्न यही उठता है कि आखिर हम इस व्यवस्था से चाहते क्या है ? हमारी नाराजगी का कोई मजबूत आधार भी तो दिखाई नहीं देता । हमारी डिग्रियाँ उच्च शिक्षा के किसी विशेष विषय पर विशेष अध्ययन के उपरांत उनमें योग्य होने की पुष्टि का प्रमाण होती हैं । अतः उनमें अपने निर्धारित विषय से अलग अन्य विषयों के भी ज्ञान का सवाल बेमानी सा लगता है । डिग्रियाँ कोई प्राथमिक शिक्षा नहीं होती, जहाँ हम विद्यार्थियों के चहुँमुखी विकास और ज्ञान को आधार बनाकर अपने पाठ्यक्रम को निर्धारित कर शिक्षा देते हैं । ऐसा मानना है कि आज की डिग्री केवल पुस्तकीय ज्ञान दे रही हैं । उनके दम पर जीवन में सफलता मिलेगी या नहीं यह कहना बहुत मुश्किल हो गया है ।
ये सभी प्रश्न उन शिकायतों जैसे लगते हैं , जो ये चाहते हैं कि उन्हें सब कुछ थाली में परोस कर दिया जाए । जैसे ही एक पल में डिग्री मिले , दूसरे पल चमकता भविष्य कदमों के नीचे हो । मात्र डिग्रियों से 100% सफलता की उम्मीद बाँध ली है हमने। इसीलिए जब हमारी आशाओं के अनुरूप हमें कुछ नहीं मिलता तो हमने शिक्षा व्यवस्था को 'टकसाल' कहकर उसको उपहास का विषय बना दिया । हमें सफलता की उम्मीदें उतनी ही करनी

चाहिए जितनी हम कोशिश करने को तैयार हैं । हमारी डिग्रियाँ हमारे उज्ज्वल भविष्य के लिए आधार तैयार करती हैं । लेकिन हम तो उनसे बने बनाए महल की उम्मीद कर बैठे हैं ।

किसी भी विषय विशेष ज्ञान को यूँ ही तो नहीं दिया जा सकता । अतः पुस्तकों की अनिवार्यता तो बनी ही रहेगी उससे परेशानी क्यों ? सफलता पाने के लिए डिग्री के साथ साथ धैर्य , लगन, मेहनत और समय की भी आवश्यकता होती है । वृक्ष भी समय के साथ ही बड़ा होकर फल देता है । अतः हमें भी धैर्य रखकर अपने लक्ष्य की ओर बढ़ना होगा । डिग्री मिलते ही नौकरी और सफलता की हाय तौबा मचाना ठीक नहीं ।

अपने पर भरोसा बनाए रखिए । मात्र व्यवस्थाओं पर ही यदि दोषारोपण करते रहेंगे तो जो कुछ पाने की उम्मीद है वह भी निराशा के भंवर में डूब जाएगी । व्यवस्थाओं को कोसने की बजाय डिग्रियों से प्राप्त ज्ञान के आधार पर धैर्य पूर्वक कर्म करें । सफलता एक दिन अवश्य आपके कदम चूमेगी ।

पक्ष - समान नागरिक संहिता लागू किए बिना न्याय और समता की स्थापना नहीं की जा सकती ।

अनेक धर्म, संप्रदायों, मतों को अपने में सहेजे हुए हमारे देश में समान न्याय और समता की स्थापना के लिए 'समान नागरिक संहिता' का लागू होना अति आवश्यक महसूस होने लगा है । हमारा देश अपनी संवैधानिक व्यवस्था के अंतर्गत अपने नागरिकों के लिए कुछ नियम और अधिकार सुनिश्चित करता है । सभी को समान मानकर राज्य के नीति निर्देशों में लिखा है कि देश को प्रत्येक क्षेत्र में नागरिकों के लिए एक समान नागरिक संहिता बनाने का प्रयास करना चाहिए । हमारे संविधान का निर्माण करते समय भी यही सोचा गया था कि हर धर्म के भारतीय नागरिकों के लिए एक ही सिविल कोड हो। समान नागरिक संहिता को लागू करने का अर्थ यह है कि शादी, तलाक, जमीन-जायजाद के उत्तराधिकार आदि से संबंधित विषयों में सभी धर्मों के लिए एक समान कानून हो, ताकि सभी को बिना किसी धार्मिक भेदभाव के समान न्याय और समानता

का अधिकार मिल सके ।

फिलहाल स्थिति यह है कि अनेक धर्मों के लोग इन मामलों का निपटारा अपने-अपने पर्सनल लॉ के अनुसार ही करते हैं ।

जब ब्रिटिश भारत आए थे तो उन्होंने यहाँ पाया था कि सभी धर्मों के अलग-अलग धर्म संबंधी अपने अपने नियम-कानून हैं । उन्होंने शुरू में विचार किया था कि सभी नागरिकों के लिए एक ही समान नागरिक संहिता बनाई जाए । परंतु भारत में धर्मों की विविधता और सबके अपने-अपने मत, कानून, मान्यताएँ होने के कारण उन्होंने यह विचार छोड़ दिया । ऐसे में विभिन्न धर्मों के धार्मिक-पारिवारिक विवादों का निपटारा धर्म अनुयायियों के द्वारा उनके पारंपरिक कानूनों को आधार पर ही होता रहा । तब से लेकर आज तक कहने को तो भारत आजाद हो चुका है मगर सही मायने में अब भी यह अनेक संकीर्ण धार्मिक मानसिकताओं का गुलाम बना हुआ है ।

सभी को समानता और न्याय का मौलिक अधिकार देने वाले हमारे संविधान की नाक के नीचे आज भी धर्म के आधार पर अलग-अलग न्याय व्यवस्थाओं का दंश हमारे समान न्याय और समता स्वप्न को डसे से जा रहा है । जहाँ किसी एक धर्म में एक से अधिक शादियाँ गैरकानूनी हैं वही किसी दूसरे धर्म में इसकी इजाजत प्रदान की जाती है। अनेक समाजों के अपने सिविल कोड हैं जिनसे वे एक इंच भी इधर-उधर होने को तैयार नहीं । ऐसे माहौल में देश के सभी नागरिकों के लिए समान न्याय और समता की परिकल्पना करना भी आकाश कुसुम

मुद्दा गरम है ।

छूने जैसा लगता है ।
अतः समय की आवश्यकता है कि विकास के पथ पर अग्रसर हमारे देश में धर्म-संप्रदाय की संकीर्णताओं को तोड़ते हुए समान न्याय और समता की नई उम्मीदों को 'समान नागरिक संहिता' में तलाशा जाए । और यही कारण है कि आज सारा देश एक सुर में इसे लागू करने की आवाज उठा रहा है ।
अनेक विचारकों का मानना है कि पर्सनल लॉ की स्वीकार्यता अंग्रेजों के द्वारा तुष्टीकरण के तहत उठाया गया ही कदम था जो वर्तमान में देश के लिए हितकर नहीं है । हमें अपने अतीत में की गई गलतियों से सीख लेते हुए आज कुछ नए कदम उठाने ही होंगे । 'समान नागरिक संहिता' से जहाँ विभिन्न संप्रदायों के बीच एकता-समता की भावना पैदा होगी वही एक कानून होने से सब में राष्ट्र भावना का भी विस्तार होगा । सभी के लिए समान कानून होने से न्याय तंत्र की मुश्किलें भी हल हो सकेंगी और न्याय में समानता का भाव मुखर होगा । इतिहास गवाह है कि समय के अनुसार विभिन्न धर्मों के अनुयायियों ने अपनी अपनी नागरिक संहिता में परिवर्तन किए हैं । यह धारणा भी गलत है कि समान नागरिक संहिता से केवल किसी एक धर्म विशेष के कानूनों में ही बदलाव आएगा । यह संहिता तो सभी के लिए संपूर्ण रूप से आधुनिक , धर्मनिरपेक्ष, पक्षपात रहित और प्रगतिशील होगी । इससे सभी के लिए नागरिक कानूनों में बदलाव होगा । ऐसे में उसका विरोध किस आधार पर जायज कहा जा सकता है ?

मुद्दा गरम है ।

अतः समय की माँग है कि राजनीतिक तुष्टीकरण से हटकर देश में समान न्याय और समानता की स्थापना हेतु 'समान नागरिक संहिता' को लागू करना ही होगा । ताकि आने वाली पीढ़ियाँ धर्म और संप्रदाय के आधार पर बँटकर नहीं , भारतीयता की नई पहचान के साथ पहचानी जाएं ।

विपक्ष - समान नागरिक संहिता लागू किए बिना न्याय और समता की स्थापना नहीं की जा सकती ।

'समान नागरिक संहिता' की माँग द्वारा स्पष्ट रूप से यही संदेश देने का प्रयास किया जा रहा है कि इसके बिना हमारे देश में न्याय और समता की स्थापना का नितांत अभाव महसूस हो रहा है । ऐसा लगता है कि विषय की आड़ लेकर हमारे देश में धार्मिक कट्टरता का एक ऐसा उन्माद पैदा किया जा रहा है, जिससे धर्म के आधार पर खाइयों को खोदकर उन्हें और गहरा किया जा सके ।

यह मुद्दा केवल कुछ धर्म , संप्रदाय विशेष से उनकी धार्मिक स्वतंत्रता ,मान्यता और परंपराओं को समाप्त करने तक सिमट कर रह गया है । इस बात में कोई दो राय नहीं कि समान नागरिक संहिता लागू करने का सीधा-सीधा अर्थ यह है कि भारत की जनता से उसके कुछ मौलिक अधिकारों को छीन कर सभी को एक लाठी से हाँकने का प्रयास किया जाए । विचारों , शब्दों के ताने-बाने में उलझा कर यह दिखाने की कोशिशें की जा

रही है कि हमारा संविधान देश के सभी नागरिकों को व्यक्तिगत और सामूहिक रूप से कुछ अलग अलग मौलिक अधिकार प्रदान कर रहा है , जिनमे समानता की अति आवश्यकता है ।

हमारे संविधान में मौलिक अधिकारों की व्याख्या के अंतर्गत आम जनता को धार्मिक स्वतंत्रता सहित अपनी संस्कृति सुरक्षा संबंधी अधिकार भी दिया गया है । 'समान नागरिक संहिता' की माँग का अप्रत्यक्ष सत्य यही है कि हमारे संविधान की मूल भावना के विरुद्ध भारत की जनता से उसके कुछ धार्मिक अधिकार छीन कर सभी को किसी एक नियम कानून से बाँध दिया जाए । इसका समर्थन करने वाले भूल रहे हैं कि भारत एक विशाल देश है जहाँ अनेक धर्म , संस्कृतियाँ , विचार और परंपराएं समान रूप से फल-फूल कर इस देश को एक सूत्र में पिरोती हैं । प्रत्येक धर्म के लिए उनकी धार्मिक रीति की अपनी विशिष्ट पहचान और अनिवार्यता है ।

परंतु प्रतिदिन नए चूल्हे की आग पर अपनी राजनीतिक रोटियाँ सेंकने वाले हमारे कुछ नेतागण जब तक देश के शांत माहौल में विवादों के पत्थर फेंक उठती लहरों से होने वाले विनाश का आनंद ना ले लें, उन्हें चैन नहीं आता । अपने निहित स्वार्थों की खातिर वे देश की जनता को नए नए विवादों में उलझाए रखना चाहते हैं , जिससे उनके सारे कुकर्म निराधार चर्चाओं के शोर में दबकर रह जाएँ । ऐसे में विकास और प्रगति की बातें तो दूर की कौड़ी होकर रह जाती हैं ।

मुद्दा गरम है ।

जब हमारा संविधान मौलिक अधिकारों के रूप में सभी को समान न्याय और समता का अधिकार प्रदान कर रहा है तो 'समान नागरिक संहिता' की आवश्यकता ही क्यों ? इसी के साथ यह भी दोषारोपण कि समान नागरिक संहिता के बिना न्याय और समता की स्थापना नहीं की जा सकती , क्या हमारी संवैधानिक प्रणाली पर बहुत बड़े प्रश्न चिह्न से कम नहीं ? यहाँ एक बात और गौर करने योग्य है कि समान नागरिक संहिता की आवाज केवल कुछ धर्म विशेष के धर्माचार्यों और दल विशेष के नेताओं द्वारा ही उठाई जा रही है । कहीं ऐसा तो नहीं कि इस बहाने कुछ कट्टरपंथियों की माँग को समय की माँग मान लिया जा रहा हो ?

निःसंदेह यह विषय बड़ा ही संवेदनशील है । कुछ धार्मिक कट्टरपंथियों को इस माँग के बहाने देश में सांप्रदायिक विवाद पैदा कर संघर्ष का माहौल बनाने का मौका मिल सकता है । तो क्या इसे उचित कहा जा सकता है कि समाज की शांति और सौहार्द की कीमत पर समान नागरिक संहिता लागू करने जैसा कदम उठाया जाए ?

जब हमारे देश में सभी धर्म , संप्रदाय , भाषा अपना अपना विकास करने के लिए स्वतंत्र हैं । संविधान में पिछड़े वर्गों के लिए आरक्षण की व्यवस्था है तो समान नागरिक संहिता के लिए इतनी बेताबी क्यों ?

अतः अनावश्यक विवाद छोड़कर देश की उन्नति, प्रगति, विकास के बारे में सोचिए । ऐसे मुद्दों में उलझाकर केवल

मुद्दा गरम है ।

प्रगति में अवरोध उभरते हैं , इनसे देश को आगे नहीं ले जाया जा सकता ।

पक्ष - सरकारी कर्मचारियों के बच्चों का प्रवेश अनिवार्य करके सरकारी विद्यालयों का स्तर सुधारा जा सकता है ।

इस बात से तो सभी सहमत होंगे कि आज के सरकारी स्कूल व्यवस्था और दुर्दशा के उस बुरे दौर से गुजर रहे हैं जहाँ प्रत्येक की दृष्टि में यह छवि समाई हुई है कि वहाँ चारों ओर केवल सुविधाओं की भारी कमी, स्तरहीन शिक्षा और भ्रष्टाचार व्याप्त होगा । माना जाने लगा है कि वहाँ पढ़ाई के नाम पर बच्चों के भविष्य से केवल खिलवाड़ ही होता है ।

अगर समाज की यह सोच विकसित और पोषित होती गई तो भविष्य में शिक्षा के ये सरकारी मंदिर हमेशा हमेशा के लिए हाशिए पर चले जाएंगे ।

इसकी बेहतरी के लिए जरूरी है कि कुछ ऐसे निर्णय लिए जाएँ जिनसे इन विद्यालयों के गिरते स्तर को रोककर उसमें सुधार और आकर्षण पैदा किया जा सके । बच्चे और अभिभावक खुशी-खुशी वहाँ प्रवेश लेने और दिलाने के लिए उत्साहित हो ।

सुधार और बदलाव की ऐसी प्रेरणा से यदि समस्त सरकारी

कर्मचारी और अधिकारियों के बच्चों के लिए इन विद्यालयों में प्रवेश अनिवार्य कर दिया जाए तो अवश्य ही सकारात्मक परिणाम हासिल किए जा सकते हैं । इसमें बुराई ही क्या है ? अगर ऐसा हो जाता है तो निःसंदेह यह निर्णय सरकारी स्कूलों के बुझते हुए चिराग में तेल डालने का कार्य करेगा ।

इसमें कोई संदेह नहीं कि यह निर्णय सरकारी कर्मचारियों और अधिकारियों के गले उतरने वाला नहीं होगा । वे इसे अपनी आजादी और अधिकारों का हनन कहकर स्वीकार करने से इंकार भी करेंगे । परंतु सरकारी स्कूलों की सेहत सुधारने के लिए यदि ऐसे कठोर निर्णय की कड़वी घूँट पीनी भी पड़े तो ऐसा करना आज अति आवश्यक है।

यह एक सामान्य सच्चाई है कि कोई भी कार्य हमेशा आवश्यकताओं के अनुरूप ही होता है और उसका परिणाम कार्य के लिए किए गए प्रयासों पर । चूंकि इन विद्यालयों में सुधार और व्यवस्था की जिम्मेदारी सरकारी कर्मचारियों की ही होती है तो ऐसे में उम्मीद की जा सकती है कि कम से कम उनके बच्चों के बेहतर भविष्य की खातिर सरकारी विद्यालयों में सुधार की कोशिश अवश्य होगी । ऐसे में सरकारी स्कूलों की दुर्दशा का असली रूप उनके सामने होगा जिससे वे अपनी आँखें नहीं फेर पाएंगे । अतः जैसे ही यह निर्णय लागू होगा इसके प्रथम परिणाम के रूप में सरकारी स्कूलों में छात्रों की संख्या को बढ़ते देखा जा सकेगा । छात्रों की बढ़ती संख्या व्यवस्था में बदलाव के लिए भी दबाव का कार्य करेगी । इससे वहाँ के

अध्यापकों पर भी अच्छा पढ़ाने और समय पर आने की बाध्यता होगी । संख्या अधिक होने से आपस में शैक्षिक प्रतिस्पर्धा का भी स्तर बढ़ेगा जिससे बेहतर परिणाम आने की उम्मीद की जा सकती है । यदि अच्छे परिणाम आने लगे तो यह बदलाव बच्चों और अभिभावकों के लिए किसी आकर्षण से कम नहीं होगा जो उनको अपनी ओर खींचेगा । जब सभी सरकारी कर्मचारी और अधिकारी अपने बच्चों के माध्यम से इन विद्यालयों से जुड़ेंगे तो वहाँ की कमियाँ भी उन्हें अवश्य दिखाई देंगी, जिन्हें वे दूर करने में सक्षम होंगे तो अवश्य सुधार करेंगे ।

अगर ऐसा हो जाता है तो उनका लाभ बच्चों को ही तो मिलेगा । सभी सरकारी योजनाओं और अनुदानों का पहले से बेहतर उपयोग संभव हो सकेगा । प्रतिस्पर्धा के साथ-साथ सुधार की माँग भी बढ़ेगी और उसे पूरा करके शिक्षा सहित खेलकूद, टेक्नोलॉजी जैसे क्षेत्रों में भी विद्यालय की कमियाँ दूर की जा सकेंगी । इससे हर क्षेत्र में सरकारी विद्यालयों स्तर ऊंचा उठाने में मदद मिलेगी । विकास एक कड़ी दर कड़ी के रूप में विकसित होगा । ऐसे सकारात्मक बदलाव से प्राइवेट विद्यालयों की मनमानी पर भी अंकुश लगाने में अवश्य सफलता मिलेगी ।

यह निर्णय कठोर अवश्य होगा पर सरकारी विद्यालयों के उत्थान के लिए इससे श्रेष्ठ कुछ भी नहीं हो सकता । सरकारी विद्यालयों को बचाने और उसके स्तर को सुधारने के लिए

सरकारी कर्मचारियों और अधिकारियों को सहर्ष इसके लिए आगे आना होगा। क्योंकि यह निर्णय बच्चों के बेहतर भविष्य के साथ-साथ देश की शिक्षा व्यवस्था और सुदृढ़ भविष्य की दिशा में भी मील का पत्थर साबित होगा।

विपक्ष - सरकारी कर्मचारियों के बच्चों का प्रवेश अनिवार्य करके सरकारी विद्यालयों का स्तर सुधारा जा सकता है ।

हम सब एक ऐसे लोकतंत्र का हिस्सा हैं जहाँ हमारा संविधान हमें कुछ मौलिक अधिकार और निर्णय लेने की आजादी प्रदान करता है । अपने और अपने परिवार के लिए बेहतर भविष्य चुनना और उसके लिए उचित माध्यम तलाशना भी हमारे उन्हीं अधिकारों के अंतर्गत आता है । ऐसे में सरकारी कर्मचारियों को अपने बच्चों को मात्र सरकारी विद्यालयों में पढ़ाने के लिए बाध्य करने की बात करना किसी भी दृष्टि से उचित नहीं कहा जा सकता ?

शिक्षा व्यवस्था और सरकारी विद्यालयों की नाकामियों का ठीकरा केवल सरकारी अधिकारियों और कर्मचारियों के सिर पर कैसे फोड़ा जा सकता है ? नाकाम शिक्षा व्यवस्था, जर्जर होते विद्यालय भवन, सुविधाओं का नितांत अभाव, पढ़ाने के अतिरिक्त दुनिया भर की अन्य जिम्मेदारियों में उलझा सरकारी अध्यापक वर्ग और भ्रष्टाचार के तानेबाने में उलझे

सिस्टम के उत्थान के लिए अपने कर्मचारियों और अधिकारियों के बच्चों को सरकारी विद्यालयों में पढ़ाने के लिए मजबूर करने की बात करके क्या आप सोचते हैं कि सब कुछ बदल जाएगा ? ऐसे में बच्चों के उस अधिकार का क्या होगा जो कहीं ओर पढ़ना चाहते हैं ? मात्र बाल उखाड़ देने से मुर्दे हल्के नहीं हुआ करते । ऐसी तुगलकी सोच की बजाय सुधार की इच्छाशक्ति से यदि कुछ सार्थक और सकारात्मक निर्णय लिया जाए तो बिना किसी बाध्यता के भी हालात सुधारे जा सकते हैं । सरकारी विद्यालयों में सुविधाएँ दीजिए, खेलकूद का पर्याप्त सामान उपलब्ध कराइए, प्रयोगशालाओं को उपकरणों से परिपूर्ण कीजिए , बिजली पानी फर्नीचर जैसी आधारभूत सुविधाएँ पूरी कीजिए, नए विद्यालय भवन बनाइए, टेक्नोलॉजी के उपयोग पर बल दीजिए और समय के साथ कदम से कदम मिलाकर चलिए । फिर देखिए, सरकारी विद्यालयों का स्तर अपने आप सुधरता है या नहीं ।

आज आवश्यकता है सही दिशा में कार्य करने तथा सुधार की इच्छा शक्ति जगाने की । वरना चाहे कुछ भी कर लें परिणाम वही ढाक के तीन पात रहने वाला है । अगर सरकारी विद्यालयों में प्रवेश की यह बाध्यता आरंभ हो गई तो छात्रों में भेदभाव भी अपने चरम पर होगा । वहाँ सभी केवल अधिकारियों के बच्चों पर अपना ध्यान केंद्रित करेंगे जिससे सामान्य बच्चा या तो पिछड़ता जाएगा या फिर उसके हीन भावना से ग्रस्त होने का भय बना रहेगा । इसका परिणाम

लोगों का सरकारी नौकरियों से पलायन के रूप में भी सामने आ सकता है । लोग अपने बच्चों को बेहतर शिक्षा दिलाने के लिए अपनी सरकारी नौकरियाँ छोड़ने को भी मजबूर हो सकते हैं । इसके अतिरिक्त यह प्रश्न भी तो उठता है कि सरकारी विद्यालयों की खराब हालत को सुधारने के लिए बच्चे अपना बलिदान क्यों दें ? जो बच्चे बेहतर शिक्षा पाने के लिए कहीं और जाना चाहते हैं तो उनके लिए केवल सरकारी विद्यालयों में प्रवेश की बाध्यता क्यों ? सरकारी नौकरी करें माँ-बाप और परिणाम भुगतने के लिए उनके बच्चे । यह कैसा न्याय होगा ? मेरा मानना है कि केवल गाल बजाने से समस्याएँ नहीं सुलझती । एक समस्या को सुलझाने के लिए दूसरी समस्या उत्पन्न की जाए ऐसा उचित नहीं ।

अतः समय की आवश्यकता है कि दूरगामी निर्णय लिया जाए जिसमें सभी की सहमति हो । केवल अधिकारियों और कर्मचारियों को अपने बच्चे सरकारी विद्यालयों में पढ़ाने के लिए बाध्य करके सरकारी स्कूलों के स्तर को नहीं सुधारा जा सकता । सरकार को चाहिए कि वे प्राइवेट विद्यालयों की तरह सरकारी स्कूलों का भी बेहतर प्रबंधन करें और समयानुकूल सुविधाओं से अपने विद्यालयों में आकर्षण पैदा करें । अपने अध्यापकों को केवल मन लगाकर अध्यापन करने दें । फिर देखें जो नहीं हुआ है वह कैसे होता है । सरकारी स्कूलों के लिए भी बच्चों की कभी कमी नहीं होगी । पर यह तभी संभव होगा जब आधारहीन , दिशाहीन व अदूरदर्शी निर्णय लेने के स्थान

पर बेहतर व्यवस्थाओं सहित मूलभूत आवश्यकताओं की पूर्ति की जाए और प्रभावी योजनाएँ धरातल पर लाई जाएं।

www.ingramcontent.com/pod-product-compliance
Lightning Source LLC
LaVergne TN
LVHW050418160726
843469LV00041B/1131

* 9 7 8 9 3 5 6 1 0 4 6 9 3 *